부부!
서로 돕는
배필

● 정홍기 지음

부부!
서로 돕는
배필

좋은땅

머 리 말

나와 아내는 인생에서 가장 좋고 여유 있는 노년기에 익숙해져 가고 있다. 늘 긍정적인 마음으로 새로운 소망을 가지고 더욱 삶의 의미와 가치를 더하려고, 그 열정과 힘을 합쳐 나가고 있다.

16년 동안 '부부 문제 상담소'를 운영하며 회원들에게 '부부 편지'를 보내, 더 많은 부부들이 서로 사랑하며 행복지수를 높일 수 있도록 하는 것에 보람을 가지며 활동해 왔다.

부부 사랑은 일부러 익혀야 하는 기술이고, 연습할수록 느는 삶의 습관이라는 것은 정론이다.

거문고와 비파가 조화롭게 연주되면 아름다운 화음이 나오는 것처럼, 그렇게 알콩달콩하게 사는 부부를 우리는 '금슬이 좋다'고 한다.

그동안 많은 부부들에게 띄웠던 '부부 편지'들을 다듬고 다듬어 《부부! 서로 돕는 배필(配匹)》이라고 이름 짓고 한 권의 책으로 만들어 보았다.

부부 생활을 하다 보면 뭔가에 실망하고 좌절하는 일이 더러 있다. 부부 관계 속에서 상처받을 때마다 이 책이 부부간 행복을 찾는 등불이 되었으면 한다.

부부 생활이란 세월이 가면서 점차 낡고 귀퉁이가 헐어 가는 집을 하나씩 수리하듯이 고치고 또 고쳐 나가야 하는 현재진행형이다.

언제나 리모델링이 필요하다.

이 책이 부부 리모델링에 있어 선한 영향력을 주기를 기대한다.

2022. 3. 17.

정홍기배

목차

1. 부부 생활의 지향점

　철학자 헤겔은 "결혼은 지금까지 각자가 가지고 있었던 개성을 스스로 포기하고 사랑의 공동체를 만들어 가겠다는 계약이다."라고 말했다. 행복한 가정을 이루고 산다는 것은 모든 부부의 한결같은 소망이다. 부부 생활을 어떻게 할 것인가? 가정을 어떻게 꾸미고 이끌 것인가? 부단히 탐구하고 실천해야 한다. 부부 서로는 대등한 위치에서 서로 돕는 배필이 되어야 한다. 부부 생활이 지향하는 목표만 세우고 달려만 갈 것이 아니라 그 목표에 숨어 있는 가치가 무엇인지 알고 달려가야 한다.

2. 건강

　건강은 행복한 부부 관계의 필수 요소이다. 건강은 유전적인 요인, 자신이 처한 환경, 자신의 의지(행동) 등 세 가지 요소에 의해 결정된다. 자신의 건강을 관리하는 데는 자신의 의지가 가장 중요하다. 여기에 부부 서로의 노력이 함께한다면 그 힘이 배가된다. 건강한 부부 관계가 좋은 부부 관계를 만든다. 결혼을 하면 남편의 건강이 곧 부인의 건강이요, 부인의 건강이 곧 남편의 건강이다.

남편이 아프면 부인이 아픈 것이고, 아내가 괴로워하면 곧 남편이 고통스럽다. 부부 서로가 건강을 지키고 돌보고 증진시키려는 노력이 있어야 한다.

3. 한 폭의 그림

인생은 한 폭의 그림을 그리는 것과 같다. 만약에 지금까지 남편과 아내가 각기 '너'와 '나'의 그림을 따로 그려 왔다고 한다면, 이 시간부터는 두 사람은 백지에 '우리'만의 그림을 새로 그려야 한다. 부디 '너'와 '나'를 주장하지 말고 사랑과 정성으로 한 팀이 되어 이 세상에서 가장 귀하고 아름답고 조화를 이룬 '우리'의 그림을 창작해야 한다.

4. 부부의 조건

사랑은 하나의 관념이나 지식이 아니라 겉으로 드러날 수밖에 없는 행동이며 실천이다. 사랑이 삶 자체라는 말은, 사랑이 있는 삶은 삶으로서 의미를 갖지만 사랑이 없는 삶은 삶의 의미가 없다는 뜻이다. 사랑은 삶의 의미를 주고 생명력을 더하기도 하는 삶 자체이다. 부부는 인격의 성숙과 행복한 삶을 위해 배우자를 사랑해야한다. 그런 의미에서 사랑은 부부의 조건이다.

5. 상대방

미국 속담에 "혼인 전에는 눈을 크게 뜨고 혼인 후에는 눈의 반을 감아라."라는 말이 있다. 혼인 전에는 상대방에 대해 철저하고 충분이 관찰해서 어떤 장점이 있고 어떤 결점이 있는지를 확인하라는 것이다. 사실 부부는 한마음이 될 수 없다. 남자와 여자로서 차이가 있고, 성격 차이도 있고, 성장해 온 환경도 다르다. 서로 다른 남자와 여자가 만나서 무엇이 다른지 알고 이해하는 과정이 남편 되어 가기, 아내 되어 가기다. 서로의 차이를 더 잘 이해할수록 좋은 남편, 좋은 아내가 되어 간다.

6. 부부의 꿈

부부 서로의 꿈은 간절히 원하면 이루어진다. 꿈은 구체적이고,

측정 가능하며, 실천 가능하고, 현실적이며, 시간 단위로 짜야 한다. 계획을 짜 보고 그것을 뇌가 알아차리도록 매일 바라보며 머릿속에 입력한다. 그게 꿈이라는 목적지로 부부를 데리고 가는 내비게이션이다. 부부의 꿈은 언제나 현재진행형이다.

7. 비익연리(比翼連理)

흔히들 결혼을 가리켜 비익연리(比翼連理)라고 한다. 비익조(比翼鳥)는 암수가 각각 눈과 날개가 하나뿐이어서 서로 만나 짝을 이루어야만 비로소 날 수 있다는 전설 속의 새이다. 그리고 연리지(連理枝)는 다른 뿌리에서 자라난 줄기가 서로 부대끼며 합쳐서 새로이 한 그루의 나무로 성장한 것을 말한다. 따라서 이 세상의 수많은 사람 중에서 오직 두 사람이 이처럼 비익연리(比翼連理)의 인연을 맺는다는 것은 이미 하늘이 그렇게 정해 놓은 일이라고 할 수밖에 없다.

8. 화해의 원칙

운전을 하는 동안, 타이어는 닳거나 찢어진다. 부부 생활에서도 때로는 서로에게 상처를 주기도 하고 받기도 하며 균형이 깨지기도 한다. 부부끼리 어떤 문제가 생기면 질질 끌지 말고, 되도록 상처를 받은 즉시, 그것도 되도록 바로 그날 화해하는 것이 좋다. 물론 말처럼 쉬운 일은 아니지만, 적어도 항상 그런 원칙이 서 있어야만 한다.

9. 행복 농장

소크라테스는 "이 세상 최고의 예술은 결혼이다."라고 했다. 훌륭한 예술품을 만들 듯이 부부가 행복한 가정을 만들기 위해 함께 더욱 노력하여야 한다. 행복농장을 열심히 일구어 나가야 한다. 부부가 의견 상충이 있을 때는 서로 상대방의 입장에서 생각하고 양보하고 인내하면 차츰 동화되고 공감하게 된다. 교만한 마음으로 언성을 높이지 말고 항상 겸손하고 정다운 말씨로 생활한다.

10. 부부이심이체

'부일심동체(夫婦一心同體)'라는 말은 억지스러운 표현이다. '부부일심동체'라고 하니까 내 마음과 같지 않으면 실망하게 되고 소유하려 들기 때문에 더 큰 외로움 속에 빠지게 된다. 부부는 '이심이체(二心異體)'이다. 반쪽들이 합쳐져서 한마음이 되는 게 아니라 선대칭 도형처럼 각자 독립적인 상태로 같은 방향을 바라보며 살아야 한다. 이를 알아도 부부 생활의 절반은 성공할 수 있다.

11. 사랑

부부는 한평생을 같이 가는 길동무이며 최고의 협조자이다. 또한 부부는 사랑을 통해서 다음 세대를 이을 새 생명을 얻게 된다. 사랑이란 말은 사량(思量)에서 유래했다. 이는 사랑이 소유도 집착도 독점도 아니라는 뜻이다. 사랑은 배우자를 생각해 주고, 헤아려 주고, 아껴 주는 것이다. 부부는 서로 상대의 몸과 마음과 취미, 습관, 자존감을 존중해야 한다.

12. 사소한 일

아서 코난 도일은 "인생이란 내가 아무리 크고 거창한 뜻을 품고 있어도 결국 날마다 일어나는 작고 사소한 일들로 채워지고 끝나는 것. 작은 것들이 중요하다."라고 말했다. 재미있게 보낸 오늘이 모여 인생이 된다. 부부 서로 세밀하고 미세한 일에 항상 충실하자. 부부 행복은 말 한마디에서 출발한다.

13. 부부 차이

톨스토이는 "결혼은 단순한 육체적 결합이 아니라 서로의 신뢰와 존중을 바탕으로 소유가 아닌 이해에서 출발해야 한다."라고 말했다. 인생은 기본적으로 자기 책임하에 살아야 할 삶이지만 서로 추구하는 부부 생활에 대하여 자주 대화를 나누어 있을 수 있는 차이점을 줄여 가야 한다. 부부는 남녀 차이뿐만 아니라 내향적이거나 외향적인, 이성적이거나 감정적인 타고난 성격 차이까지 있다. 부부는 한마음이 될 수 없다. 부부는 서로 힘을 합치며 소통하고 돕는 동반자가 되어야 한다.

14. 화해

부부싸움을 잘하는 것도 중요하다. 더 중요한 것은 부부싸움을 한 후의 화해이다. 부부싸움 중에 오가는 언사와 상처가 문제이다. 부부를 더 힘겹게 하는 것은 싸움 후에 찾아오는 애매모호한 냉전의 시간이다. 그 시간이 길어질수록 서로 더 예민해지고 힘들어진다. 자잘한 싸움이건 큰 싸움이건 반드시 화해로 마무리한다. 배우자가 화해를 청하면 흔쾌히 받아들인다.

15. 부부 되어 가기

성경에 "다투는 여자와 큰 집에서 사는 것보다 움막에서 혼자 사는 것이 낫다(잠언 21:9)."라는 말이 있다. 부부싸움은 아내와 남편이 서로 어떤 존재인지 몰라서 일어나는 경우가 대부분이다. 남편과 아내가 사는 세상이 다르다. 남자는 힘의 세계에, 여자는 관계의 세계에 산다. 배우자에게 기대하는 것, 대화하는 방식, 사랑에 대한 정의도 다르다. 부부가 부부 생활을 잘하기 위해서는 남편 되어 가기, 아내 되어 가기를 지속적으로 배우고 가꾸어 나가야 한다.

16. 가꾸는 사랑

부부의 일치는 지대한 희생정신으로 보존되고 완성된다. 그것은
이해, 인내, 용서, 화해에 대해서 관대한 개방성을 요구한다. 남편
은 따뜻하고 자상하고 너그럽고 아내는 밝고 상냥하고 부드러움이
넘쳐야 한다. 그래서 남편과 아내는 서로에게 힘이 되고 감동을 주
어야 한다. 부부는 서로 기도하고 봉사하며 사랑을 키워 가야 한다.

17. 부부의 여행

여행은 '길 위의 학교'이다. 기분 전환이 필요할 때 조용히 쉬고
싶을 때 쉽게 찾아갈 수 있는, 부부 둘만의 여행지를 만들어 일상
의 생활을 벗어난다. 새로운 환경이 되면 대화의 내용과 깊이가 훨
씬 풍부해진다. 여행은 부부 생활에 색다른 의미를 부여한다. 다른
가치관을 가지고 살아가는 사람들을 보면서 부부가 지닌 고정관념
이나 편견을 바꿀 수 있다. 여행은 부부를 위한 가장 확실한 투자
이다.

18. 향기 나는 부부

코코 샤넬이 "스무 살 때의 얼굴은 자연의 선물이고, 쉰 살의 얼굴은 당신의 공적이다."라고 했다. 마음이 예뻐야 얼굴도 예쁘다는 말은 만고불변의 법칙이다. 향기 나는 부부는 항상 서로 마주 보는 거울과 같다. 그래서 배우자의 얼굴이 나의 또 다른 얼굴이다. 내가 웃고 있으면 배우자도 웃고 있고 내가 찡그리면 배우자도 찡그린다. 거울 속의 향기 나는 나를 보려면 내가 먼저 아름다운 미소를 지어야 한다.

19. 생기 있는 부부

부부 생활의 생동감을 유지하려면 서로가 성장하고 성취하며 만족감을 지속할 수 있어야 한다. 부부 관계가 원만하고 의사소통이 열려 있는 관계를 유지하여야 한다. 닫혀 있거나 방어적인 관계가 되어서는 안 된다. 무조건적 애정의 나눔이 지속되어야 하고, 서로가 지니는 감정을 충분히 수용할 수 있어야 한다.

부부는 공통적인 관심사와 서로 독특한 개성을 지닌 존재임을 수용할 수 있을 때 서로 돕는 배필이 된다.

20. 의사소통

　부부는 어떤 경우든 효과적인 의사소통 방식을 강구하여야 한다. 자녀가 크고 서로가 활동에 바빠지면 대화할 시간이 줄어든다. 이를 그대로 묵인하면 안 된다. 어떤 경우든 부부가 서로 대화하는 통로를 유지하여야 원망이나 불만이 쌓이지 않게 될 뿐 아니라 사랑을 이루어 갈 수 있다. 설사 의견이 다르다 해도 들어주는 것이 화목하고 만족한 부부 관계를 이루는 길이다. 만일 부부가 서로 불평하고 비난하기 시작하고 따라서 방어적인 관계를 지속하면 부부 관계는 속으로 앓기 시작한다.

21. 친밀한 관계

　부부는 인격적·정서적·성적인 관계이다. 부부는 서로 보살피면서 경제생활, 사회생활을 하는 가운데 협력하는 친밀한 관계이다. 부부는 인륜 도덕을 구성하는 가장 기초적인 단위이다. 부부는 가정에서 기본적인 인간관계를 맺고 역할 수행을 통하여 인격을 형성해 간다. 부부는 서로의 개인적 자유와 주체성을 존중하여야 한다. 《주역》에서 남녀가 결합하여 부부가 되는 것은 천지가 결합하여 운행되는 것과 같은 의미를 지닌다고 하였다. 이것은 부부 성립의 숭고한 의미를 표현하고 있다.

22. 이상한 행동

남편(아내)의 행동이 이상하다고 느낄 때, 남편(아내를)을 탓하고 의심하기 전에 내가 부족하게 했는가를 더 먼저 생각해 본다. 오히려 그럴 때일수록 더 친절히 대함으로써 비록 잘못된 길에 떨어졌다고 해도 사랑과 이해와 신의로써 대해 준다면 부끄러워서라도 더 빨리 제자리로 돌아갈 것이다. 화가 난다고 그릇하나 내던진다고 할 때 내 그릇이 깨지는 것이다. 그리고 지나가는 사람들에게 이 구경거리가 될 뿐 아무런 이익이 없다.

23. 정서적 지능

성공적인 부부 생활을 만드는 비결은 간단하다. 행복한 부부는 일상생활에서 배우자의 마이너스적인 면보다는 플러스적인 면을 중시하려고 노력한다. 이를 정서적 지능(emotional intelligence)

에 의한 부부 생활이라고 한다. 정서적 지능이 풍부한 부부는 이해가 깊고, 배우자의 위신을 세워 주고 서로 존경함으로써 행복한 부부 생활을 한다. 이 정서적 지능은 부모가 아이에게 가르쳐 줄 수 있는 것처럼 부부도 배울 수 있는 기술이다.

24. 작은 존재

티베트 속담에 "내일과 다음 생 중에, 어느 것이 먼저 찾아올지 우리는 결코 알 수 없다."라는 말이 있다. 당연히 와야 할 내일이 안 올 수 있다는 이 말을 생각하면 정신이 번쩍 든다. 부부는 오늘을 더욱 소중하게 느껴 잘 보내야겠다는 다짐을 해야 한다. 부부는 모순되고 부분적이고 작은 존재이다. 부부는 불완전함을 받아들이는 겸손함이 필요하다. 부부 자체가 허술한 존재 인데 나만 완벽하고 내가 맞다고 외치지는 말자. 배우자가 아닌 내가 틀린 것일 수 있다.

25. 부부 불일치

부부 불일치가 일어난다고 해서 너무 분노하지 마라. 서로 맞춰 가려는 노력과 함께하겠다는 다짐이 필요하다. 그 안에서 모든 것은 평화롭게 공존하고 융합할 수 있다. 나와 충돌하는 배우자의 의견을 저항이나 항의, 틀린 의견으로 간주하지 마라. '가능한 대안'으로 여기는 너그러움과 지혜가 필요하다. 가능한 한 많은 대안이 있을 뿐이다. 나만 옳은 일은 없기 때문이다. 부부 서로 머리와 마음을 맞대고 최적의 합의점과 연관성을 찾아라. 그 과정이 진정 아름다운 것이다. 그것이 바로 부부 사랑이다.

26. 부부는 한 팀

부부는 한 쌍, 한 팀이다. 남편은 상황 여하를 불문하고 아내를 지지해 주어야 한다. 설령 아내의 주장이 불합리하고 미숙하더라도 일단은 아내의 입장과 주장을 옹호해 주어야 한다. 더욱이 아내의 단점을 시댁 식구들 앞에서 해서는 안 된다. 늘 아내를 보호하는 마음을 지녀야 한다. 부부간의 문제는 옳고 그름의 잣대가 아닌 무조건적 존중과 마음으로부터 이해가 중요하기 때문이다. 부부는 한 팀이자 결합체이다. 아내가 마음 깊이 의지할 사람은 남편이기 때문이다.

27. 부부 관계

부부 관계는 가꾸어야 한다. 부부가 서로 사랑한다면 '사랑 행동'을 주고받아야 한다. 부부 생활 속 사소한 행동들로도 흡족하다. 이는 마음과 현실이 일치하는 아름다운 사랑 방식이다. 부부가 사랑하면서 '사랑 행동'을 하지 않는다는 것은 사랑 관계를 가꾸지 않는 것이다. 정원의 꽃밭도 가꾸어야 꽃밭이 된다. 제대로 가꾸지 않으면 온갖 잡초들이 무성한 버려진 땅이 되고 만다. 부부가 서로 사랑한다면 열심히 가꾸고 가꾸어야 한다.

28. 행복한 휴식처

가정은 행복한 휴식처이다. 부부는 주어진 책임과 역할을 수행하고 욕구불만을 감내해야 한다. 이를 통해서 가정은 좌절과 시행착오 속에서 감정을 조절하고 승화하는 심성단련의 장이 된다. 부부가 결혼을 기점으로 지금까지 행해 온 낡은 행동방식과 사고방식을 바꾸고, 새로운 상황과 맥락에 맞는 행동목록을 만들어 내고 채택할 수 있는 창조활동이 이루어져야 한다. '혼자 살아가는 나'가 아니라 '함께하는 관계 속의 나'로 거듭나는 기회가 되어야 한다.

29. 보석세공사

다이아몬드는 스스로 빛을 내지 못한다. 세공기술자가 정성을 다해서 깎아 내고 다듬어야 한다. 그렇게 해야 비로소 찬란한 빛을 내는 아름다운 보석으로서 가치를 발휘하게 된다. 언제나 남편은 아내가 다이아몬드의 원석이라 생각하고 아내는 남편이 다이아몬드 원석이라 생각해야 한다. 그래서 서로를 정성껏 깎고 다듬어 훌륭한 빛을 낼 수 있도록 온 정성을 다하는 보석 세공사가 되어야 한다.

30. 행복한 부부

부부들은 대체로 결혼 생활이 행복할 것이라고 믿는다. 대부분의 동화나 드라마는 결혼 생활을 인생에서 가장 즐겁고 행복한 것으로 묘사한다. 전반적으로 기혼자들은 미혼이나 별거, 이혼자보다 행복하다고 알려져 있다. 결혼 생활이 행복한 부부들은 배우자와 친구처럼 가깝고 인간적인 호감을 갖는 것을 가장 중요시한다.

31. 건강한 부부

건강한 부부들은 다음과 같은 다섯 가지의 특징이 있다.

① 절대적인 것보다 상대적인 진실에 대한 믿음이 있다.

② 배우자가 좋은 동기가 있다고 가정한다.

③ 차이를 해결할 수 있다는 신념이 있다.

④ 보다 넓은 차원에서 보고 생각하는 것이 유익하다고 믿는다.

⑤ 건강한 행동(건강, 목표의 제휴 및 지지, 격려, 개방적 의사소
   통, 공감적 경청, 수용의 표현, 갈등해결 함께하기)을 실행에
   옮기는 능력이 있다.

32. 미학

결혼은 둘의 미학이다. 부부 두 사람이 평생 동안 아름다운 한
폭의 그림을 그려 훌륭한 가정이라는 예술품을 만들어야 한다. 아
름다운 한 폭의 그림을 그리려면 우선 평생이라는 시간의 화폭이
있어야 한다.

거기에 부부 사랑이라는 꽃방석을 그리고, 서로가 서로를 항상

이해하고, 서로가 서로를 최고로 알고, 서로가 서로를 감싸 안아
주고, 서로가 서로를 감사해 주면서 살아가는 그림을 그려야 한다.

33. 함께 있는 시간

부부 사이에 화를 내는 이유를 경청하고 그것을 인정하는 것만으
로 부부 갈등의 80~90%는 해결된다고 한다.

배우자의 어떤 분노에도 정당함이 있을 수 있다는 것을 명심해야
한다. '배우자를 인정하라'는 조언은 말은 쉽지만 실천하기는 어렵
다. 말도 하기 싫고 보는 것만으로 기분이 언짢아져 배우자를 마주
하는 것 자체가 감정적인 거부감을 일으킨다. 이럴 때는 갈등 해결
에 앞서 친밀감부터 회복하는 것이 중요하다. 이를 위해 여행, 외
식, 스포츠 등을 통해 함께 있는 시간을 가지는 것이 효과적이다.

34. 행복의 밑불

부부가 무턱대고 함께 있다고 친밀감이 형성되지는 않는다.

서로가 언제, 어디서, 무엇을, 어떻게 할지에 대한 세심하고 꼼

꼼한 준비가 필요하다. 부부 대화의 물꼬는 자신의 이야기가 아니라 배우자의 관심사로 시작하는 것이 좋다. 첫마디는 무조건 부드러워야 한다. 아내가 남편에게 보호받고 있다는 느낌을 가질 수 있는 분위기를 조성하면 부드럽게 대화하는 데 도움이 된다. 산책을 하면서 손을 잡아 주거나 포옹하면 자연스럽게 친밀감이 형성될 것이다. '가벼운 스킨십이 부부 행복의 밑불'이다.

35. 지나친 요구

부부는 서로에게 지나친 요구를 하는 것은 자제해야 한다. 현실적으로 실행하기 어려운 것을 강요하면 갈등만 키우게 되기 때문이다. 특히 다른 부부와 비교하여 배우자를 평가하는 행동을 피해야 한다. 반대로 배우자의 비현실적인 요구의 진의를 파악할 수 있는 능력도 필요하다.

36. 진실한 대화

부부간의 팀워크를 돈독히 다지는 것은 필수이다. 부모님이나 자녀보다 더욱 중요한 사람은 배우자라는 인식을 확고히 해야 한다. 결국 최후에 의지할 수 있는 사람은 배우자라는 사실을 명심해야 한다. 이를 위해서 평소에 진실한 대화를 많이 해야 한다. 억지로라도 시간을 내 대화(문자 메시지나 e메일)를 해야 한다.

37. 부부 갈등

부부의 노력만으로 갈등을 극복할 수 없다면 전문가의 도움을 받는 것도 좋다. 기업도 미래 비전이 불확실한 경우 외부 컨설팅을 받는다. 객관적인 입장에서 문제를 진단하고 향후 전략을 세우는데 긍정적인 효과가 있기 때문이다. 부부 관계도 마찬가지다. 악화된 감정 때문에 해결되지 않는 갈등도 부부 관계 전문가의 도움을 받으면 의외로 잘 해결될 수 있다.

38. 부부는 닮는다

흔히들 부부는 닮는다고 말한다. 영어에도 'Like husband, like wife'라고 한다. 그걸 실제로 증명한 연구가 나왔다. 영국 리버풀

대학교 연구진이 사람들 앞에 부부 160쌍의 사진을 섞어 놓고 닮은 남녀를 고르라고 했더니 부부가 많았다고 한다. 표정은 얼마나 자주 웃느냐 찡그리느냐에 따라 특정 얼굴 근육과 주름이 당기고 펴지면서 결정된다. 오래 살수록 부부의 감정 표현이 비슷해지면서 인상도 닮는다.

39. 병도 닮는다

부부는 병도 닮는다. 얼마 전 김현창 연세대학교 교수가 부부 3,141쌍을 조사했더니 대사증후군을 지닌 사람은 배우자도 몇 명은 병을 지닌 경우가 많았다. 대사증후군은 고혈압을 비롯해 심혈관질환 위험요인 5개 중 3개 이상에 해당되는 경우다. 한집에서 먹고 자는 부부는 식성과 운동습관에 음주·흡연처럼 나쁜 습관도 닮아 병도 같이 걸리게 마련이다. 나아가 성격, 가치관, 생각까지 닮아 가는 게 이치이다.

40. 사발과 대접

부부는 3주 서로 연구하고, 3개월 사랑하고, 3년 싸우고, 30년 참고 견딘다고 한다. 다름으로 만나 같음으로 사는 게 부부다. 김종길 시인이 '부부'를 말했다. "놋쇠든, 사기이든, 오지이든 오십 년이 넘도록 하루같이 함께 붙어 다니느라 비록 때 묻고 이 빠졌을망정 늘 함께 있어야만 제격인 사발과 대접." 부부가 서로를 닮으려 노력하는 것이야말로 서로에게 바치는 최상의 배려이자 이해다. 좋은 부부는 그래서 닮을 수밖에 없다.

41. 권리와 의무

"부부싸움은 칼로 물 베기."라는 속담이 있다. 그건 연분이 맞는 부부에게 합당한 얘기이다. 반면 "배필을 잘못 만나면 당대의 원수가 된다."라는 말이 있다. 19세기 염세주의 철학자 쇼펜하우어(Schopenhauer)가 독신으로 산 건 원수를 만날까 두려워한 때문인지도 모른다. 그는 "결혼은 자기 권리를 절반으로 깎고, 의무는 배로 걸머지는 일."이라고 했다. 그만큼 결혼 생활이 어렵다는 뜻이다.

42. 가위

부부란 반쪽의 두 개가 아니고 하나의 전체가 되어야 한다. 한 몸이 된다는 '결혼서약'은, 두 개의 물방울이 모여 하나가 된다는 의미이다. 부부는 가위이다. 두 개의 날이 똑같이 움직여야 가위질이 된다. 부부는 일체이므로 주머니가 따로 있어서는 아니 된다. 부부는 주머니도 하나여야 한다. 부부란 피차의 실수를 한없이 흡수하는 호수가 되어야 한다.

43. 사랑은 여는 것

사랑은 부부 서로가 여는 것이다. 부부 사이에 금이 생기는 원인은 어느 한쪽이 혹은 양쪽이 다 자기를 배우자에게 공개하지 않는데서 오는 것이다. 부부 서로의 어리석은 생각은 배우자가 변화하기를 바라는 것이다. 부부 문제의 해결은 '내가 먼저 달라져야 한다.'라고 생각하는 순간부터 시작된다.

44. 인내와 명예

대개 좋은 남편은 귀머거리요, 좋은 아내는 소경이다. 좋은 남편은 골라서 듣고, 좋은 아내는 골라서 본다. 좋은 남편은 고개로 사랑하고 좋은 아내는 눈으로 사랑한다. 부부는 해묵은 골동품과 같다. 부부의 사랑이란 꽤 오래 뜸을 들인 후에야 성숙해진다.

아내의 인내는 남편을 살리고 남편의 인내는 아내를 명예롭게 한다.

45. 결혼하는 이유

결혼을 하는 가장 일반적인 이유는 누군가의 동반자와 인생을 함께하고 싶기 때문이다. 그 동반자는 인생의 여정을 함께할 파트너이다. 많은 부부들은 결혼은 외로움의 끝이라고 하지만, 부부 서로가 관계에 대해 만족을 느끼지 못하면 외로움은 계속된다. 부부 서로 지지적인 파트너가 되기 위해서 한층 더 노력해야 한다. 결혼이 자신의 성장뿐만 아니라 배우자의 성장을 도모할 기회를 제공해 주기 때문이다.

46. 귀중한 선물

고 이희승 선생은 "부부가 되면 개성의 반은 죽이고, 반은 살려라. 반을 죽인다는 건 희생이고, 반을 살린다는 건 사랑이다."라고 말했다. 부부는 사랑과 친밀감을 얻기 위해 결혼을 했다. 배우자에 대한 진정한 애정과 정서적 유대감은 두 사람이 결혼을 통해서 얻을 수 있는 가장 귀중한 선물이다. 행복은 행복하기로 마음먹은 만큼 행복하다.

47. 신발

플루타르크 영웅전에 로마의 장군 아에밀리우스가 집정관의 딸 파피리아와 이혼했다. 친구가 물었다. "부인이 정숙하고, 아름답지 않은가. 자식도 잘 낳지 않았는가." 그런 부인과 헤어지는 걸 이해할 수 없다는 투였다. 아에밀리우스는 신발을 보여 주며 말했다. "이것은 아름답지 않은가. 새것이 아닌가. 그러나 이게 내 발의 어디를 깨무는지, 그대는 아는가." 그러면서 "어떤 사람은 아내의 큰 허물 때문에 이혼하기도 하지만 성질과 습성이 맞지 않아 마음 상하고, 그게 심해져 수습하기 어려운 불화로 이어지는 경우도 있네."라고 했다. 그렇다. 부부의 일은 남이 알 수 없다. 다른 사람이 신고 있는 신발이 어떤지 알 수 없는 것과 같은 이치다.

48. 주말 경영

인생에서 가장 중요한 성공은 부부 관계라 할 수 있다. 부부 관계도 이제는 전략적인 경영과 관리가 필요한 시대이다. 어쩌면 대화와 인내, 양보가 부부 관계의 처음이자 끝이다. 이제 부부도 함께할 수 있는 시간을 소중히 해야 한다. 부부도 주말경영(시간계획)이 필요한 때다. 토요일 저녁에는 부부가 와인 한 잔씩 마시며 멋진 대화를 시작한다.

49. 무촌

부부 사이는 촌수가 없다. 세상에서 가장 가까우나 헤어지면 남이다. 그러므로 부부는 끊임없이 좋은 관계가 유지되도록 노력하여야 한다. 결혼하고 나서 속았다는 감정을 느끼는 경우가 종종 있는데 이는 결혼 후 마음가짐이 바뀌기 때문이다. 결혼 전까지는 잘

보이려고 잘해 주다가 결혼 후에는 잘 보여야겠다는 마음이 줄어
들게 된다. 이것은 남편들이 심한데 결혼만 하면 아내는 자기 것이
된다는 과거의 잘못된 가치관에 기인한다.

50. 배우자

부부간에 잘해 주는 것은 배우자가 나의 인생에서 가장 소중한 존
재라는 인식을 바탕으로 하여야 한다. 결혼 생활은 기대와 실망과
적응의 과정이라고 할 수 있다. '남편은 이러해야 한다.' '아내는 이
러해야 한다.'는 사회의 통념적 기대와 성장 과정에서 경험한 부모
에게서 보고 배운 부부의 역할에 따른 기대가 배우자에게 향한다.

51. 딴 사람

부부 두 사람이 결혼을 한 것은 혼자보다 둘이 함께하는 삶이 더
행복하고 의미 있을 것이란 생각이 크게 작용했을 것이다. 그것은
배우자를 있는 그대로 인정하고 존중하는 것이다. 부부는 '일심동
체(一心同體)'라는 말이 있지만 실상 부부는 '이심이체(二心異體)'

이다. 엄연한 다른 존재, 딴 사람이라는 것이다. 몸은 물론이고 마음도 그렇다. 몸도 마음도 별개인 두 사람이 만나서 평생 맞춰 가며 사는 것이 부부 생활이다.

52. 해로동혈

하느님께서 하와(이브)를 만드실 때 '아담의 갈비뼈'를 뽑아 재료로 삼으셨다는데 왜 하필 갈비뼈인가 하는 생각이 든다. 갈비뼈는 팔 밑에 있으니 보호의 뜻이 있고, 심장과 가까우니 사랑의 이미지가 있는 것이다. 갈비뼈가 나란히 줄지어 있는 것도 동고동락하며 나란히 걸어가라는 의미의 적절한 선택이었을 것이다. 이래서 부부는 동행자, 동반자, 반려자가 되어야 한다. 부부는 해로동혈(偕老同穴 함께 늙고 한 무덤에 묻힌다.)의 존재이다.

53. 성숙한 사랑

부부는 사랑을 성숙시켜야 한다. 성숙한 사랑은 생산지향적이고 본질적인 사랑에 가까워야 한다. 부부간에 깊은 상처, 공허감, 고

립과 불안감이 쌓이면 사랑은 소멸된다. 부부의 사랑하는 과정에서 불신은 사랑을 죽이는 것이고, 이기주의는 사랑하는 것을 거부하는 요인이고, 오만함은 사랑받는 것을 거부하고, 무감동은 사랑을 기피하는 요소이다. 부부는 힘들 때나 외로울 때도 언제나 손잡아 주는 친구가 되어야 한다.

54. 수레바퀴

사랑은 수레바퀴처럼 변형되어 간다. 사랑은 총체적인 특성의 발달을 지나면서 여러 관계 속에서 주고받으며 형성된다. 부부간의 사랑은 신뢰감의 형성 단계, 자아개방 단계, 상호의존 단계, 퍼스낼리티의 욕구충족의 단계가 계속 회전하면서 진행한다. 한 단계의 정도가 감소되면 다음 단계에 연속적인 영향을 미친다는 것이 부부 사랑이다.

55. 사랑의 맛

사랑은 동료감이고 서로를 위해 주는 배려와 책임의식이다.

그리고 사랑은 서로에 대한 존중과 이해이다.

사랑은 성숙시켜야 하는 생물이다.

신체적, 정서적, 사회적, 정신적, 경제적, 영적인 성숙이 될 때 궁극적인 사랑의 맛을 느낄 수 있는 것이다.

엘리풀러는 "사랑은 너와 내가 하나가 되는 것이다."라 했다.

56. 부부의 성

'내가 하기 싫으면 안 한다?'

섹스를 본능에 의존하는 부부들의 잘못된 상식이다.

섹스를 자기중심으로 생각하기 때문이다.

섹스는 배우자에 대한 관심과 배려다.

특히 아내에게는 사랑의 확인 절차다.

남편의 섹스에 대한 무관심은 배우자에게 처음에는 섭섭한 감정으로 나타나지만 시간이 지나면 불만과 적개심이 된다.

부부 금실에 금이 가면 마음에 상처가 된다.

부부의 성은 관심과 성적인 자극에 의해 개선할 수 있다.

57. 사랑의 유형

사랑은 일반적으로 Agape, Philos, Eros로 분류할 수 있다.

Agape는 무조건적인 사랑으로 주는 자기희생적 사랑이며 사랑의 대상에게 요구하지 않는 사랑이다.

Philos는 깊은 우정이 있는 동료적인 사랑이다. 친구처럼 친밀감이 있는 사랑이다. 서로 신뢰가 두터우며 상호의존하면서 생활에 많은 부분을 공유하는 사랑이다.

Eros는 성적이며 육체적인 사랑이다. 성적 매력이나 욕구를 기초로 하는 사랑이다. 대개 부부의 사랑은 3가지 사랑의 유형 중 한 가지 형태이거나 3가지 모두를 포함한다.

58. 높은 차원의 사랑

부부는 서로 동료적 사랑을 주고받는 친구가 되어야 한다.

친밀감이 있고, 신뢰가 두터우며, 상호의존적이어야 한다.

그리고 부부는 이타적 사랑을 지향해야 한다.

무조건적으로 사랑을 주며 용서하고 보호해 주고 배우자의 행복과 성장을 위해 베푸는 사랑을 해야 한다.

이게 바로 가장 높은 차원의 사랑이다.

59. 삼각이론

사랑의 3가지 중심 요소는 친밀감, 열정, 헌신이다.

친밀감은 두 사람이 서로에게 느끼는 정서적 일체감이다.

열정은 두 사람의 관계의 낭만적, 육체적 측면을 가리키며 생리적인 흥분이다.

Sternber의 사랑의 삼각이론에서 친밀감과 열정만 있는 사랑은 낭만적인 사랑이고 친밀감과 헌신만 있는 사랑은 우애적인 사랑이고 열정과 헌신만 있는 사랑은 얼빠진 사랑으로 규정하고 있다. 또한 열정만 있는 사랑은 도취적 사랑이고 헌신만 있는 사랑은 공허한 사랑이다.

부부는 3가지 사랑의 요소인 친밀감, 열정, 몰입(헌신)을 늘 생각하면서 서로를 사랑해야 한다.

60. 건강 보증수표

성 활동만큼 심신의 건강을 확실하게 보여 주는 건강진단서는 없다. 특히 부부가 함께 만들어 가는 섹스는 건강과 행복의 척도다. 면역력을 높이고, 우울증을 해소하며, 삶을 풍요롭게 한다. 그러나 우리나라 부부들의 섹스 횟수는 초라하다.

어깨를 짓누르는 삶의 무게와 성인병의 증가가 배경이다. 하지만 섹스도 노력을 하면 개선할 수 있다. 건강하지 않은 부부들은 섹스도 힘겹다. 평소와 달리 갑자기 섹스를 피한다면 건강에 적신호가 왔다는 것을 암시한다.

61. 소중한 자유

오늘 아내(남편)를 어떤 말, 어떤 행동으로 사랑했는지 반성해 보자. 인간에게 속박되는 자유가 있는 데 그것은 사랑이다.

결혼이란 피차 어떤 점에서 묶이는 것이다.

결혼 생활에서의 자유와 사회생활에서의 자유는 차이점이 있다. 사회생활에서는 무언가로부터의 자유를 갈망하나, 결혼 생활에서는 자신의 소중한 자유를 상대에게 바치게 된다.

피차의 자유를 주장하기만 하고 바칠 생각이 없는 사이라면 동거인이라고 할 수는 있어도 부부라고 하기는 어렵다.

62. 사랑 평가지

다음의 문항에서 8가지 이상에 해당되면 서로 사랑하고 있다고 말해도 좋을 것이다.

① 우리는 '사랑해'와 같은 언어적 애정표현을 한다.

② 우리는 마음속 얘기를 서로에게 잘 털어놓는다.

③ 우리는 서로의 활동에 관심을 보인다.

④ 우리는 서로의 의견을 존중하거나 격려해 준다.

⑤ 우리는 서로 같이 있으면 행복하다는 느낌을 받는다.

⑥ 우리는 이따금 선물을 주고받는다.

⑦ 우리는 포옹이나 키스 같은 사랑 표현을 한다.

⑧ 우리는 서로를 위해 자신을 희생할 수 있다고 믿는다.

⑨ 우리는 서로 떨어져 있으면 보고 싶다.

⑩ 우리는 서로 눈을 마주치는 횟수가 많다.

63. 미의 근원

부부 서로가 매력적인 배우자가 되려면.

성생활을 자기중심에서 배우자 중심으로 재편한다.

언어 또는 행동으로 보여 주는 애정 표현에 익숙해야 한다.

섹시한 몸을 만든다. 섹시한 몸이 건강한 몸이다.

섹시하게 치장한다.

성적인 아름다움이 미의 근원이다. 유산소 운동을 한다.

혈관이 튼튼해야 섹스를 즐길 수 있다.

64. 성격 궁합

결혼 후 사랑의 유효기간은 길어야 3년이라고 한다.

그 사이에도 크고 작은 다툼은 끝이지 않고 갈등이 심해지면 남보다 더한 '원수지간'이 되기도 하는 것이 부부 관계이다.

이 모두가 배우자의 성격유형을 잘 파악하지 못해서 벌어지는 일이다. 반대로 배우자의 성격을 제대로 알면 갈등의 해법과 더 잘 지낼 수 있는 기법을 찾을 수 있다.

65. 음양의 원리

　음양의 원리를 바탕으로 한 동양 사상에서는 부부 어느 쪽도 혼자만으로는 완전한 존재가 아니며, 상호 결합에 의해 보다 완전한 존재가 되는 것으로 본다. 따라서 부부는 주어진 성의 역할에 충실해야 하는 동시에, 자신과 다른 역할을 지니고 있는 배우자의 존재를 존중해야 한다. 부부는 배우자에 대한 호감과 존중 쌓기를 멈춰서는 안 된다.

66. 부부의 성격

　부부의 성격이 다르다면 서로 다름을 인정해야 한다. 머리형은 이성적이고 논리적인 사람이 많다. 많이 생각한 후에 행동에 옮기고 논리적 근거를 매우 중요시한다. 머리형은 논리적으로 이해되지 않으면 화를 풀지 않고 말을 안 한다. 감정해소보다는 문제해결을 원하는 타입이다. 반면 가슴형은 감성적 성향의 사람이다. 타인이 자신을 어떻게 보느냐를 중요하게 여기고 이미지 관리에 신경을 쓰는 편이다. 가슴형은 배우자가 자신을 인격적으로 무시할 때 화를 낸다. 장형은 행동파이고 기분파이다. 장형을 즉석에서 화를

내고 푸는 타입이다. 배우자가 자신의 권위에 도전한다는 생각이
들면 무섭게 화를 낸다.

67. 부부싸움

부부간에 사이가 좋고 사랑하여도 평생을 살아감에 있어서 다툼
이 없을 수는 없다. 부부싸움은 흔히들 '칼로 물 베기'라고 한다. 물
을 칼로 베면 한순간은 갈라질 수 있으나 조금만 시간이 지나면 다
시 합쳐지기 때문이다. 그 다툼을 최소화하고 서로 양보하는 것이
야말로 부부 생활의 난관을 극복하는 방법이다. 나아가 둘의 사랑
을 견고히 하고 평생을 화목하게 살아가는 방법이다.

68. 부부 서로

부부 서로가 웃고 살든 울고 살든 그것은 '부부 서로'의 선택이
다. 짜증 내며 살든 즐겁게 살든 '부부 서로'의 몫이다. 불평하며 살
든 감사하며 살든 '부부 서로'의 마음이다. 웃고 감사하며 살면 '부
부 서로' 삶이 즐거워지고, 울고 짜증 내며 살면 부부 생활이 괴로

워진다.

세상은 '부부 서로의 상호작용'을 따라 움직이기 때문이다. 부부 생활은 누구의 뜻도 아닌 '부부 서로' 마음에 따라 움직인다. 행복한 마음으로 살겠다고 하면 행운이 따르고, 될 대로 돼라 짜증 내며 살면 불행이 따른다.

69. 백년해로

사랑은 이 세상에서 제일 숭고하고 아름다운 말이다.

그러나 그 이면에는 섬뜩한 칼도 숨어 있음을 알아야 한다.

법구경에는 "사랑하지 말라. 곧 미움도 온다."라는 구절이 있다. 이 말은 부부가 사랑하는 마음이 지나치거나 식어 버리면 미움과 증오의 대상이 될 수도 있음을 경계한 말이다.

사랑이란 언제나 거울을 닦아 두듯 맑게 손질해 두어야 한다. 그리고 또한 항상 마음의 거울도 말갛게 닦아 두는 일을 소홀히 하지 말아야 한다. 그런 일을 계속하면 부부는 결코 파경 없이 백년해로 한다.

70. 여보와 당신

　부부는 서로를 부르는 호칭이 있다. 물론 이름을 부르는 부부도 있고, 서로만의 애칭으로만 부르는 부부도 있다. 하지만 모든 부부가 보편적으로 사용하는 말에는 '여보(如寶)'와 '당신(當身)'이 있다. 남편이 아내를 부를 때 쓰이는 호칭은 '여보'이다. 여보는 같을 '여'와 보배 '보'이다. 그 뜻은 보배와 같은 사람이라는 말이다. 그리고 아내가 남편을 부를 때 쓰이는 호칭은 '당신'이다. 당신은 마땅할 '당' 자와 몸 '신'이다. 마땅히 나의 몸과 같다는 뜻이다. 이렇듯 부부의 관계는 서로를 보배처럼 여기고 서로를 자신의 몸과 같이 여겨서 다투는 일 없이 사이좋게 서로를 의지하며 늙어 가는 것이 부부이다.

71. 아름다운 꽃

　부부 서로가 성격 차이를 극복하는 데 필요한 것은 사랑과 노력, 그리고 지식이다. 부부가 성격 차이를 극복하는 힘이야말로 그 부부가 가진 능력이라고 생각한다. 부부 사랑은 가슴으로만 하는 것이 아니고 머리로도 해야 한다. 부부 사랑은 수용이고 이해이며 배우자가 타고난 자질 안에서 가장 아름다운 꽃을 피울 수 있도록 도 와주는 것이다.

72. 무촌

부부는 사랑하는 남녀가 만나서 한 가정을 만들고 평생 동안을 백년해로 하는 관계이다.

부부는 서로가 서로를 믿으며 서로의 부족한 점을 채워 주고, 서 로가 양보하며, 서로의 잘못을 용서해 주는 관계다.

부부는 촌수로 따지자면 무촌이다. 여기서 말하는 촌이라는 것 은 거리를 가리킨다.

자신의 주변을 스쳐 지나가는 사람, 자신과는 아무런 관계도 없 는 사람이 무촌이다. 자식과 부모 간의 거리는 일촌이다. 그만큼 서로 가깝기 때문이다. 그렇다면 왜 부부의 관계가 무촌일까? 답 은 간단하다. 무촌이라는 것은 거리가 없다는 것이다.

73. 일촌

　부모와 자식 간에도 어느 정도의 거리가 존재하여 일촌이다.

　그러나 부부의 관계는 부모보다도 더욱 가깝기 때문에 무촌이
다. 하지만 서로의 거리가 없기 때문에 그만큼 남남이 되는 것도
쉬운 일이다.

　부부는 배우자의 단점이나 여러 가지의 불화들을 사랑이라는 이
름의 힘을 빌려서 극복해야 한다.

　그래서 부부에게 있어서 사랑은 꼭 필수요건이다.

　부부는 한 침대에서 같은 이불은 덮으며 매일 같이 잠을 잔다.
이것은 단지 매일 성생활을 한다는 의미도 되지만 더 큰 의미를 내
포하고 있다.

74. 사랑의 표현

　소중한 사람으로부터 감사와 사랑에 찬 말을 듣는 것은 매우 기
쁜 일이다.

　사랑의 표현은 선물이다.

　기쁨을 느끼게 하고, 배우자를 안심시키며, 서로의 관계를 더욱

따스하고 풍요롭게 해 주는 선물이다.

사랑의 표현은 부부 두 사람의 이음새를 탄탄하게 해 주는 값진 선물이다.

부부 서로는 다감하고 사려 깊은 사랑의 느낌을 표현을 하자.

더 많은 입맞춤과 더 많은 어루만짐과 더 자상한 돌봄을 해 보자.

75. 성숙과 품위

부부는 배우자가 자기만의 영역을 가질 수 있도록 배려한다. 배우자가 자기만의 길, 자기만의 시간, 자기만의 결정, 자기만의 선호를 누릴 수 있게 해 준다. 그와 동시에 두 사람 모두에게 중요하고 유익한 공동의 영역도 꼭 갖도록 한다. 부부는 부부 관계를 성숙하고 품위 항상 있게 갖도록 노력한다.

76. 끝없는 성숙

결혼은 사랑의 만남이고, 자녀는 사랑의 열매이며, 가정은 사랑의 온상이고, 부부싸움은 사랑의 훈련이다. 남편은 아내의 안식처가 되고, 아내는 남편의 안식처가 될 때야말로 비로소 가정은 평화의 공간이 된다. 부부는 서로 끝없는 성숙이 이루어져야 한다. '과거'는 해석에 따라 바뀌고 '미래'는 결정에 따라 바뀌고 '현재'는 지금 행동하기에 따라 바뀐다. 바꾸지 않기로 고집하면 아무것도 바뀌지 않는다. '목표'를 잃는 것보다 '기준'을 잃는 것이 더 큰 위기이다. 부부의 진정한 목적은 무한한 성장이 아니라, 끝없는 '성숙'이다.

77. 다른 점

절대적인 기준이 아니라 일반적이고 상대적인 기준이다. 아내는 과거에 의해서 살고, 남편은 미래에 도취해서 산다. 아내는 한 마디를 백 마디로 늘려서 말하고, 남편은 백 마디를 한 마디로 줄여서 말한다. 남편은 과업 목표 결과지향적이고 아내는 관계, 과정, 사랑 중심적이다. 남편은 시각지향적, 후각지향적이다. 아내는 청각지향적, 촉각지향적이다. 아내는 남편의 눈과 코를 항상 행복하게 해 주려고 노력해야 한다(단정한 옷과 머리). 남편은 아내의 귀와 피부를 항상 행복하게 해 주려고 노력해야 한다(다정다감한 목소리, 스킨십).

78. 봉사

봉사는 사랑의 언어이다. 봉사는 배우자가 당신에게 원하는 바를 해 주는 것을 말한다. 그를 도와줌으로써 그를 기쁘게 하고 그를 위해 무엇인가를 함으로써 당신의 사랑을 표현하는 것을 말한다.

이러한 일들은 생각하고, 계획을 세우고, 시간을 내는 노력과 정력을 요구한다. 자발적으로 이러한 일을 하면 정말 놀라운 사랑의 표현이 될 수 있다.

79. 동료감

부부간의 사랑을 유지하고 발전시키기 위해서는 신체적 성적 매력뿐만 아니라 서로가 함께하는 동료감, 서로를 위해 주는 배려와 책임의식, 서로에 대한 존중, 이해 등이 필수적이다.

80. 세계관

부부는 서로 배우자의 세계관을 존중해 주어야 한다. 내 멋대로 배우자를 소유하려 하지 말고 그냥 놓아 주어야 한다. 배우자가 자유롭게 생각하고 체험하도록, 나름대로 판단하도록 해 주어야 한다. 내가 배우자에 대해 모든 것을 알 필요가 없고, 배우자가 나에게 모든 것을 말하지 않아도 된다.

단, 부부 두 사람이 서로 충분히 존중하고 있고 서로를 속이는 일이 없다는 전제 아래 말이다.

81. 가족

몇 년 전에 〈가족〉이라는 제목의 영화를 상영하던 극장 로비에 나무 한 그루를 만들어 세워 놓고 그 앞에 놓인 메모지에 가족이란 무엇인지 생각나는 대로 써서 나뭇가지에 매다는 코너가 있었다.

가족은 따뜻함이다. 사랑이다. 내 인생 전부이다.
재산이다. 꿈이다. 나의 자랑이다.
언제든 돌아갈 수 있는 곳이다. 내 마음의 고향이다.
웃음이다. 마지막을 함께할 사람이다.
내 마음의 고향이다. 평생의 짐이다.

82. 화해

부부는 밤마다 평화롭게 서로 모든 것을 털어 버리고 잠들어야 한다. 무슨 일이 있었든지, 밤이 되면 서로 모든 것을 털어 버리도록 한다. 심하게 싸우더라도 자기 전에는 꼭 화해해야 한다.

배우자가 아무리 내게 마음의 상처를 주었더라도 그것 때문에 서로 등을 돌리고 잠을 자서는 안 된다.

오늘 일은 오늘로 끝맺고 홀가분하게 내일을 맞이하는 것이 서로를 위해 좋다.

83. 인정

마크 트웨인은 "나는 한 번 칭찬을 받으면 두 달은 잘 지낼 수 있다."라고 말했다.

그의 말대로라면 일 년에 여섯 번 칭찬을 받으면 일 년 동안 사랑의 그릇을 일정한 수준 유지하면서 지낼 수 있다.

부부가 사랑을 표현하는 중요한 방법은 격려하는 말을 하는 것이다. 칭찬하는 말이나 감사의 표현은 사랑을 잘 전달하는 힘이 있으며 부부가 서로를 인정한다는 하나의 좋은 표현이 된다.

또한 부부가 사랑의 감정을 말로 전달하고 싶으면 온유한 말을 써야 한다.

사랑은 온유하기 때문이다.

84. 사랑의 언어

부부 사이에는 함께하는 시간이 사랑의 언어이다.

'함께하는 시간'이란 배우자에게 온전히 관심을 집중하는 것이지 같은 소파에 그저 앉아 있는 것이 아니다.

그런 의미에서 함께하는 활동이 중요한 것이 아니다.

중요한 것은 서로가 감정적으로 집중하면서 시간을 보내는 것이다.

활동은 연대감을 불러일으키는 도구에 불과하다.

아버지가 두 살짜리 아이와 공굴리기를 할 때 중요한 것은 놀이가 아니라 아버지와 아이 사이에 있는 감정이다.

85. 육체적 접촉

부부간의 skinship(육체적인 접촉)은 사랑의 언어이다.

아동 발달 과정을 연구한 많은 보고서에 따르면, 육체적인 접촉을 전혀 갖지 않고 지낸 아이들보다는 안아 주거나 키스를 해 준 아이들이 훨씬 건강하게 잘 자란다고 한다.

손을 잡아 주거나 어깨를 한 번 두드려 주는 것은 사랑을 전달하는 효과적인 수단이 될 수 있다.

사랑은 선택이며 사랑은 변화를 가져온다.

부부들에게는 빈도가 높은 육체적 접촉이 보약이다.

86. 고정 관념

부부는 서로 배우자에 대한 고정관념을 갖지 말자.

배우자와 아무리 가까워져도 배우자를 확실히 알 수는 없다.

여러 해가 지난 다음엔 배우자 역시 당신이 알고 있는 것과는 또 다른 배우자가 되어 있을 것이다. 배우자를 지금 당신이 알고 있는 모습으로 고정시키지 말아야 한다.

87. 은총

배우자가 당신과 삶을 함께하는 것을 절대 당연한 것으로 생각해서는 안 된다. 당신이 지금 만약 혼자라면 어떤지 매일 자문해 보라. 배우자가 당신 곁에 있다는 사실을 은총이자 선물로 받아들여라. 비록 당신의 꿈이 전부 이루어지지는 않았더라도 말이다. 부부 서로는 배우자를 감사하는 마음으로 바라보자.

88. 부부 관계의 개선

인생의 목적은 '행복한 삶'이라고 생각한다.

물론 행복이란 주관적인 것이고, 부부마다 어디에서 행복을 얻느냐는 다르지만 가정생활이 행복하지 않으면 그 부부의 삶이 온전히 행복하다고 할 수 없다.

가정생활의 행복은 원만한 부부 관계를 기초로 한다. 부부 관계의 개선을 위한 노력은 정말로 중요하다. 부부들은 보약이나 레저에는 많은 돈과 시간을 투자하면서도 부부 행복을 가져다주는 지름길인 '부부 관계의 개선'에 대하여는 무관심한 경우가 많다.

89. 저축

부부의 정서 통장에 젊을 때부터 사랑과 정을 저축하자.

부부는 나이가 들수록 부부가 함께할 시간이 크게 늘어난다. 젊었을 때에 갖지 못했던 이런 시간이 늙거나 은퇴 후 갑자기 갖게 되어 당혹감을 갖게 될 수 있다.

노후에는 자식의 중심에서 부부의 중심으로 바뀔 것을 인식하고 은퇴하기 전부터 부부만의 시간을 갖는 법에 대하여 익숙해져야 한다.

90. 대화의 시간

부부는 일주일에 한 번은 대화의 시간을 가지는 게 좋다.

'일요일 밤 8시는 우리 부부 차 마시는 날'로 정하자.

부부의 대화를 통하여 싸인 오해를 풀고 서로를 이해하는 기틀을 마련한다.

그뿐만 아니라 부부는 공통의 취미를 가지는 게 좋다.

등산, 자전거 타기, 산책, 골프 등을 통하여 같이 활동하여 공감대를 이룰 수 있어 부부간의 정이 더욱 깊어진다.

91. 건강

부부는 서로 배우자의 건강을 먼저 보살펴 주어야 한다.

아픈 곳을 챙겨 주는 만큼 고마운 것은 없다. 배우자가 아플 때 일수록 가장 가까이 가서 자리를 지켜 주고 건강에 관심을 가져 주어야 한다. 그 마음이 전해져서 그 이상의 관심과 애정을 받을 것이다. 그리고 가사를 분담하여 집안일을 함께하는 태도를 지녀야 한다. 집안일을 부부가 역할을 분담하여 정해진 날에 함께하면 부부가 함께한 일의 보람이 곳곳에서 드러날 때 큰 보람을 느낄 것이다.

92. 3일

만약 인생이 3일밖에 남지 않았다면 나는 무엇을 할까? 간혹 자문해 볼 때가 있다.

헬렌 켈러는 아주 감명 깊은 말을 하였다.

"나는 내게 있는 것을 더 많이 나누고 싶다. 사람들을 더 많이 사랑하고 싶다. 하늘을 더 많이 찬양하고 싶다."

싸운 사람과 화해한다. 맛있는 음식을 먹는다. 소중한 사람, 보고 싶은 사람을 찾아간다.

사랑한다는 말을 한다.

삶을 정리하는 마지막 일기를 쓴다.

93. 꿈

행복한 부부들은 서로의 꿈을 잘 알고 그 꿈이 이루어지도록 노력한다. 그 반면 사랑을 잃는 부부는 배우자의 꿈이 무엇인지도 모르거나 꿈을 무시하고, 무조건 반대하고 나선다.

일생에 단 한 번이라도 시집을 출판해 보고 싶다는 꿈을 말하는 아내에게 "도대체 지금 나이가 몇인데 아직도 그런 유치한 생각을 품고 살아! 꿈 깨!"라고 호통치는 남편에게 우호감과 친밀감이 생길까? 자전거로 해안도로를 따라 여행을 해 보고 싶다는 남편의 말에 "돈도 못 버는 주제에 만날 놀러 다닐 궁리만 한다."라고 핀잔주는 아내가 사랑스러울 수가 있을까?

94. 불행한 부부

부부 치료의 세계적 권위자인 가트맨 박사는 행복한 부부와 불행한 부부는 특징적으로 다른 점이 있다고 말한다.

이혼하거나 불행한 부부일수록 호감과 존중감을 표현하는 데 매우 인색하다는 것이다. 습관적으로 장점보다 단점을 더 잘 발견하며 감사보다 불평을 더 많이 한다.

오래 살다 보니 정이 떨어졌다는 사람들을 유심히 보면 호감과 존중감을 표현하는 대신 비난, 경멸, 방어와 담쌓기를 자주 한다. 이 네 가지 행동은 이혼으로 가는 지름길이며 이런 행동을 반복하면 이혼을 예측할 수 있다는 것이다.

95. 라이프 통장

부부는 성격 차이 때문에 다투는 것이 아니다.

라이프 통장인 재정 통장, 건강 통장, 정서 통장, 도우미 통장의 잔고 부족과 불균형 때문에 다투게 된다.

일반적으로 결혼을 한 뒤에 성장감과 행복감을 느낀다면 네 가지 통장이 출납의 균형을 잘 이루고 있는 것이다.

몸과 마음이 동시에 충족감, 사랑받는 느낌, 소속감, 자아존중감과 자아 실현감을 얻고 있다는 반증이다.

이런 부부들의 대화는 밝고 정다운 노래 같다.

'부부는 같아야 잘 산다'는 잘못된 신화를 버리고 '서로 다름을 인정하라'로 바꾸면 마음의 평화도 얻고 스트레스 지수를 높이는 건강과 정서 통장의 지출을 한결 줄일 수 있다.

96. 고객

일반적으로 불행한 부부는 서로를 잘 모른다.

배우자가 무슨 색깔을 좋아하는지, 어느 친구를 가장 신뢰하는지, 친척 중 누굴 가장 싫어하는지, 어떤 경험이 가장 자랑스러웠는지, 꼭 이루고 싶은 꿈이 무엇인지 등을 모를 뿐 아니라, 알려고 관심조차 갖지 않는다.

결혼은 직업과 같다. 배우자는 매우 중요한 고객이다.

고객에 대한 공부를 멈춰서는 안 된다.

97. 정서 통장

흔히들 성격 차이 때문에 이혼한다고 하지만 연구에 따르면 성격 차이와 이혼율은 무관한 것으로 밝혀졌다.

성격 차이가 아니라 '정서 통장'의 고갈 때문에 같이 살기가 괴롭다.

정서 통장이란 부부 사이에 공유하는 사랑 감정의 총량이다. 정서 통장이 넉넉할 때는 자신감, 인내심, 너그러움, 희망, 기쁨, 평화를 느낀다.

정서 통장이 빈곤할 때는 쉽게 짜증이 나고 화가 치밀며 적개심, 불안, 우울증, 절망, 열등감을 느낀다.

98. 단점

옛말에 "기지(其智)는 가급(可及)하나 기우(其愚)는 불가급(不可及)하다."라는 말이 있다. "똑똑한 사람은 따라할 수 있으나, 어리석은 자는 흉내 낼 수 없다."는 말이다. 사람은 영리해지기는 쉬워도 어리석어지기는 힘들다. 그만큼 어리석음을 따라 하기가 더 힘들다. 자기를 낮추는 것이기 때문이다. 사실 부부 서로에게 단점이 있으면, 배우자가 그걸 채워 주려고 노력해야 한다. 부부 서로의 모자람을 채워 주고, 어리석음을 감싸 주며 미숙함을 배려해 주는 것이야말로, 부부 관계를 형성해 주는 큰 동력원이다.

100. 최고

부부가 서로 진정으로 행복해지고 싶다면, 가만히 앉아서 배우자가 행복하게 해 주기만을 기다리는 수동적인 정신 상태부터 바꿔야만 한다.

행복해지고 싶다면 지금 당장 행복한 일을 만들어야 한다. 나중은 없다. 지금이 나에게 주어진 최고의 선물이다. 오늘부터 어떤 상황에 부딪치더라도 '나중에….'라는 말은 멀리멀리 던져 버리고 지금 당장 실천하고 행동하여 행복의 기쁨을 누리자.

101. 행복한 부부

가트맨 박사는 지난 35년간 3000쌍 이상의 부부를 연구한 결과 행복한 부부나 이혼하는 부부나 도저히 풀리지 않는 문제들이 있다는 것을 발견했다. 더 놀라운 사실은 그 문제 중에 69%는 싸우나 안 싸우나 결국 죽을 때까지 풀리지 않더라는 것이다.

단지 불행한 부부는 이 69%의 이슈를 싸울 때마다 지겹도록 반복하며, 한 번 꺼냈다 하면 말을 삼가지 않고, 하고 싶은 대로 막 하면서 싸움을 극대화한다.

반면 쿨하게 싸우는 행복한 부부들은 69%의 문제를 다룰 때도 말을 다듬어 가면서 무척 조심스럽게 꺼내고, 싸움이 격해지면 즉시 화해를 시도한다.

"우리 너무 흥분한 것 같은데 잠깐 쉬자." "미안해. 그런 뜻은 아니었는데 말이 지나쳤네.", "다시 말해 볼게." 등의 말은 싸움이 가열되지 않도록 브레이크 역할을 한다.

102. 의견 충돌

부부가 의견 충돌이 있을 경우에는, 서로 겸손한 마음으로 내 자신을 낮추고, 남편은 아내의 인격을 존경하고, 아내는 남편의 뜻을 존중해서, 적고 부드러운 목소리로 갈등을 해소해야 한다.

교만한 마음으로 언성을 높이지 말고, 항상 겸허하게 정다운 말씨를 쓰도록 노력해야 한다.

103. 삶

합천 해인사 장경판전 기둥에 연이어 걸어 놓은 글 판에는 이런 좋은 글이 있다.

"圓覺度量何處"(원각도량 하처)라는 글이 새겨져 있다. "깨달음의 도량 즉 행복한 세상은 어디인가?"라는 뜻이다. 그 질문에 대한 답은 맞은 편 기둥에 새겨져 있다. "現今生死即時"(현금생사 즉시) 당신의 생사가 있고 당신이 발을 딛고 있는 지금 이곳이다.

지금 살고 있는 이 순간, 이곳에 충실하라는 뜻이다.

부부의 삶의 모든 순간은, 첫 순간이면서 마지막 순간이고 유일한 순간이다.

부부의 지금 이 순간은 영원할 수도 있지만 마지막이 될 수도 있는 순간이다.

104. 관심

독일 심리학자 엘리풀러는 "사랑은 너와 내가 하나가 되는 것." 이라고 했다. 부부는 마음도 하나, 생각도 하나, 바라보는 방향도 하나가 되어야 한다. 너와 내가 하나가 되기 위해서는 부부는 서로 항상 관심을 가져야 한다. 관심은 염려이고 배려이다. 부부가 서로 무관심해서는 참다운 사랑의 원리를 실천할 수 없다.

105. 나중에

행복은 가꾸는 부부 서로의 몫이다.

포기하지 말고 서두르지도 말고 지금 여기에서 한 걸음씩 성실과 인내로써 전진하는 것이 중요하다.

부부 계단에는 엘리베이터가 없다.

부부 행복에는 나중이 없다.

세상에 가장 허망한 약속이 바로 '나중에'라고 한다.

무엇인가 하고 싶으면 바로, 지금 당장 실천에 옮겨야 하지 않을까?

영어로 'present'는 '현재'라는 뜻인데, '선물'이라는 뜻도 있다.

부부에게 주어진 '현재'라는 시간은 그 자체가 선물임을 알아야 한다. 오늘을 즐기지 못하는 부부는 내일도 행복할 수 없다.

106. 노력의 대가

부부의 행복은 어느 누가 가져다주는 것도 아니고, 저절로 굴러 들어오는 것도 아니다.

부부의 행복은 부부 서로가 스스로 만들어 가야 한다.

부부가 함께 합심하여 강인한 의지와 불굴의 용기로 쟁취해야 한다.

부부 서로 노력의 대가로 행복한 가정을 만들 수 있다

107. 조고각하

산사(山寺)에 가면 ·신발 벗어놓는 댓돌위에 조고각하(照顧脚下)라고 쓰인 주련 걸린 것을 볼 수 있다. '발밑을 살피라.'는 뜻이다.

신발을 잘 벗어 놓으라는 뜻도 되겠지만 보다 근본적으로는 지금, 자기의 존재를 살펴보라는 의미이다. 현재 처해 있는 상황을 스스로 살펴보라는 법문이다. 순간순간 내가 어떻게 처신하고 있는지 돌아보라는 가르침이다.

부부가 자기에게 주어진 현실 상황을 순순히 받아들이면 거기에 삶의 묘미가 있다.

108. 열매

부부가 마음에 꼭 필요한 열매는 사랑의 열매이다. 겸손하고 섬기는 마음, 이타적인 마음, 덮어 주고 감싸는 마음, 시기 질투하지 아니하는 진리를 기뻐하는 마음이다.

부부가 마음에 꼭 필요한 열매는 희락의 열매이다.

항상 기뻐하는 마음, 매사에 감사하고 만족감을 느끼는 마음, 매사에 긍정하는 마음, 좋은 것과 아름다움을 추구하고 창조하는 마음이다.

109. 주머니

부부는 반쪽짜리 두 개의 콩알이 아니고 온전히 하나 된 두개의 반쪽짜리 물방울이다. 한 몸이 된다는 '결혼서약'은 두 개의 물방울이 모여 하나가 된다는 의미이고 합쳐진 이후에는 다시 나눌 수 없다는 뜻이다. 부부는 가위이다. 두 개의 날이 똑같이 움직여야 가위질이 된다. 가위 날이 하나만 움직여서는 가위의 역할을 해 내지 못한다. 부부는 일체이므로 모두 공유해야 한다. 모든 것이 공동소유여야 한다. 부부는 주머니도 하나여야 한다.

110. 해묵은 골동품

부부란 피차의 실수를 한없이 흡수하는 호수이다.

실수하지 않는 부부는 없다. 실수를 감싸 주지 않는 부부는 싸움이 잠들 날이 없게 마련이다. 좋은 남편은 귀머거리이고 좋은 아내는 소경이다. 좋은 남편은 골라서 듣고, 좋은 아내는 골라서 본다. 좋은 남편은 고개로 사랑하고, 좋은 아내는 눈으로 사랑한다. 부부는 해묵은 골동품과 같다.

부부의 사랑이란….

꽤 '오래 뜸을 들인 후에야 성숙'해진다. 아내의 인내는 남편을 살리고, 남편의 인내는 아내를 명예롭게 한다.

111. 상호작용

배우자를 나의 아내, 나의 남편이라는 나 중심적인 생각에서 벗어나 배우자를 한 인간으로 가만히 바라보는 경험이 필요하다. 그럴 때 부부 서로의 욕구와 기대라는 프리즘을 통하여 보던 굴절상이 아닌 배우자의 고유한 아름다움과 가치를 느낄 수 있는 마음의 공간이 생긴다. 이러한 태도의 변화는 상호 작용에 근원적인 변화를 일으켜서 기대에 따른 실망과 분노에 의한 부정적인 상호 작용은 줄어들고 진심에서 나오는 배우자에 대한 배려와 사랑이 자라나게 된다.

112. 여가

부부가 함께 여가를 공유하는 시간이 많아질수록 결혼 생활의 만족도가 증가한다. 서로의 여가에 대한 취향이 다르다면, 함께할 수 있는 여가를 개발하도록 노력해야 한다. 여가 시간은 서로 간의 의사소통의 장이 되어야 한다. 하지만 반드시 기억해야 할 사항이 있다. 무엇을 하느냐가 아니라, '어떻게' 하느냐에 달려 있다. '결과'보다는 '과정'이 매우 중요하다. 부부 사랑은 '명사'가 아니라 함께 실천하고, 함께 행동하는 '동사'이다.

113. 반성

배우자에게 오늘 어떤 말, 어떤 행동으로 내 마음의 사랑을 표현했는지 반성해 보자.

마음으로 아무리 사랑한다고 해도 말이나 행동으로 표현하지 않으면 알 수 없다.

배우자를 미워하지 않는다 하여도, 싸우면서 욕하고, 미워하고, 싫어한다는 소리를 하면, 그것을 듣고 평소에는 그렇지 않다는 것을 알아낼 배우자가 없다.

왜 그대는 사랑할 때는 사랑한다고 표현하지 않으면서, 부부 사이의 사랑을 망치려고만 드는가?

인간에게 속박되는 자유가 있는데 그것이 바로 사랑이다.

114. 부부의 조화

부부의 조화를 위하여 몇 가지를 진지하게 생각해 보자. 아내여! 가족에게 들릴 만큼 한숨 쉬지 말라.

남편이 들릴 만큼 혼자서 궁지렁대지도 말라.

남편이여! 소리 지르기 전에 두 번만 심호흡을 하라.

일단 소리를 지르면, 그 소리 지른 것만 가지고도 주장이 옳던 그르던 관계없이, 그 주장은 잘못된 것이다. 부부여! 서로가 화를 내도 교대로 내라.

동시에 소리 지르지 말라. 남편(아내)이 화가 났을 때는 아내(남편)는 입을 다물어 주라.

부부싸움 끝에 냉전은 그날 밤을 넘기지 마라.

115. 말

부부 서로의 운명의 귀는 내 말을 듣고 있다.

'힘들다' '힘들다' 말하면 더 힘들어진다.

'안 된다' '안 된다' 말하면 될 일도 안 된다.

'어렵다' '어렵다' 말하면 더 어려워진다.

'죽겠다' '죽겠다' 말하면 고통스런 일만 생긴다.

'잘된다' '잘된다' 말하면 안 될 일도 잘된다.

'행복하다' '행복하다' 말하면 행복한 일이 찾아온다.

116. 비중

부부 관계가 삶에서 차지하는 비중이 정말 중요하다. 그러나 그 중요성의 인식은 부족한 편이다. 우리는 '나이가 들면 결혼은 당연히 하는 것이고 그리고는 아기 낳고 검은 머리 파뿌리가 되도록 사는 것이다'라 생각한다. 가정의 중심은 부부이다.

부부 관계가 건강하고 행복하면 가정이 건강하고 행복하다.

건강치 못한 가정이 늘어날수록 사회도 많은 문제를 가지게 된다. 이것은 시간적으로도 끝없는 순환의 고리로 부부의 불화와 갈등은 자녀의 성격상 문제를 야기하고 그들이 성장 후 결혼하면 부부 관계가 안 좋게 될 가능성이 높아진다.

117. 큰 영향

부부는 청년기에 만나 죽을 때까지 인생에서 가장 오랜 시간 동안 밀접한 관계를 유지한다. 부부 사별이 인생의 가장 큰 스트레스이다. 부부는 인생에서 가장 소중한 인간관계로 서로의 삶에 큰 영향을 미친다.

부부가 일반적인 친밀한 관계와의 다른 점은 지속적인 성관계를 가지고 자식을 낳아 함께 기른다는 점이다.

성은 자식을 낳고 성욕을 충족한다는 생물학적 측면 외에 중요한 심리적인 의미를 가지고 있다. 성은 인간에게 가장 친밀한 관계를 본능적으로 경험하게 한다. 즉 오르가즘의 경험은 둘이 하나가 되는 경험이다.

118. 오르가즘

오르가즘은 긴장된 대립을 해소시킨다.

낮에 싸우는 부부는 있어도 밤에 불 끄고 싸우는 부부가 없다는 이야기는 오르가즘이 대립을 해소하는 역할을 하기 때문이다.

자식을 낳아 함께 기른다는 것은 정말로 소중한 경험이다.

이러한 경험을 통하여 부부는 자연스럽게 서로 돕고 희생하며 사랑하는 법을 배울 수 있는 기회를 가지고 자식을 잘 키움으로써 사회에 기여하게 된다.

119. 자유

결혼이란 부부 서로 어떤 점에서 묶이는 것이다.

결혼 생활에서의 자유와 사회생활에서의 자유는 차이점이 있다. 사회생활에서는 무언가로부터의 자유를 갈망하나, 결혼 생활에서는 자신의 소중한 자유를 상대에게 바치게 된다.

부부 서로의 자유를 주장하기만 하고 바칠 생각이 없는 사이라면 동거인이라고 할 수는 있어도 부부라고 하기는 어렵다. 부부 사랑은 오랜 세월을 걸쳐 싸우며 자라는 것이다.

부부 사랑에는 연륜이 필요하다. 부부 사랑은 여는 것이다. 부부 사이에 금이 생기는 원인은 어느 한쪽이 혹은 양쪽 다 자기를 배우자에게 공개하지 않는 데서 오는 것이다.

120. 대화

부부들이 하는 가장 어리석은 생각은 배우자가 변화하기를 바라는 것이다. 부부 문제의 해결은 '내가 먼저 달라져야 한다.'라고 생각하는 순간부터 시작된다.

그대의 배우자는 기성품이 아니라 원료에 불과하다.

'대화하라, 대화하라.' 부부 서로가 이야기가 많을수록 문제는 적어진다. 고양이 이야기든 유치한 농담이든 많이 이야기하라. 동시에 잘 들어 주라.

무슨 이야기든 잘 경청(Listening)해 주면 사랑은 저절로 여물어 간다.

121. 소유물

부부 서로를 관리하려 들지 말자.

부부 서로는 소유물이 아니고 대등한 인격자이다.

아내(남편은)는 재산이 아니라 그대의 영원한 파트너이다.

부부 서로가 훈장 노릇하지 말자.

가정은 배우자의 부족한 점을 서로가 채워 주는 곳이지 배우자의 부족한 것을 가르쳐서 사람 만드는 곳이 아니다.

부부 사이에 비밀을 두지 말자. 부부의 가장 필요한 덕목은 신뢰이다. 신뢰가 깨진 부부는 이미 부부라 할 수 없다. 부부 서로에게 감추고 있는 것이 전혀 없다면 그대의 사랑은 훌륭하다. 아내(남편)인 동시에 친구일 수도 있는 자가 참된 아내(남편)이다.

122. 세월

부부 사랑은 꽤 오래 뜸을 들인 후에 성숙해진다. 부부 서로가 잘 맞추어 살아가기 위해서는 의사소통을 원만하게 유지하고 조화롭게 힘의 균형을 이루어야 한다. 그리고 좋지 않는 스트레스를 빨리 없애도록 마음을 합해 노력해야 하고, 성생활을 제대로 즐긴다

면 사랑이 가득한 가운데 날아갈 듯한 기분을 평생 간직한다. 세월
이 쌓이면서 무르익는 사랑의 깊이를 더욱 느끼게 되고, 윤택해지
고 즐거운 삶을 살아간다.

123. 우정

　진정한 부부의 사랑은 인간적이어야 한다. 부부 관계는 본능과
감정을 단순하게 전달하는 것이 아니라, 인내하고 성숙하기 위한
자유의지의 행위이다. 진정한 부부의 사랑은 전체적이어야 한다.
부부 관계란 아내와 남편이 모든 것을 아낌없이 공유하는 특별한
형태의 우정이다. 진정한 부부의 사랑은 죽을 때까지 충실하고 절
대적이어야 한다. 부부 서약을 엄수하는 일은 때로 어려울 수도 있
지만, 이는 항상 가능하며 고귀하고 가치 있는 일이다. 진정한 부
부의 사랑은 결실을 맺어야 한다. 아내와 남편의 친교는 소모되는
것이 아니라 새 생명을 기르며 계속된다. 자녀들은 부부관계로 맺
어진 최고의 선물이다.

124. 부부의 일치

　가정은 부부 생활과 부부애로 맺어진 공동체이다. 부부는 상호적 자기 봉헌의 혼인 약속에 대하여 매일매일 충실하면서 일치에 있어서 계속 성장할 소명을 받는다. 부부의 일치는 남편과 아내 사이에 존재하는 자연적 보완성에 뿌리를 내리고 자신의 생활 계획, 가진 것과 됨됨이를 나누려는 인격적 노력을 통해서 성장한다. 부부는 진실하고 성실한 신뢰 관계가 되어야 한다. 부부는 이타적이고 인격적 언행으로 서로 존경하는 관계가 되어야 한다.

　부부는 서로 희생과 헌신을 필요로 하는 사랑의 관계가 되어야 한다.

125. 부부의 길

　부부지도(夫婦之道)는 구이경지(久而敬之)라고 했다.

　부부 사이가 오래되었다고 해서 허물없고 마구 대할 수 있는 것이 아니라, 오래될수록 서로를 더욱 존중하고 존경하는 사이가 되어야 한다는 의미이다. 부부의 길은 맹목적인 사랑이 아니라 상호존중, 상호존경을 바탕으로 상부상조하는 인간애를 실천하는 것이 그 목표점이다.

126. 자신

중국 고사에 "강산이개(江山易改) 본성난개(本性難改)"라는 문장이 있다. "강산은 바꾸기 쉽지만, 본성은 고치기 힘든 것 같다."는 뜻이다. 나이 먹을수록 본성이 잇몸처럼 부드러워져야 하는데 송곳처럼 뾰족해지는 경우가 많다. 소크라테스가 "너 자신을 알라." 하고 일갈했을 때, 그의 친구들이 "그럼, 당신은 자신을 아느냐?"라고 되물었다. 그때 소크라테스는 "나도 모른다. 그러나 적어도 나는, 나 자신을 모른다는 것은 알고 있다."라고 말했다. 자신의 부끄러움을 아는 것이 본성을 고치는 첩경이 될 수 있다. 부부 서로는 늘 소크라데스의 "너 자신을 알라."라는 말을 깊이 음미하여 진지한 자기 성찰의 시간을 가져 보자.

127. 빙산

부부 성격유형은 크게 분류하면 머리형, 가슴형, 장형이 있다.

쉽게 말하면 머리(이성)를 주로 사용하는 부부, 가슴(감성)을 주로 사용하는 부부, 그리고 장(본능)을 많이 쓰는 부부이다. 부부가 서로 깊이 사랑하기 위해서는 부부 각자의 빙산과 빙산이 깊이 있는 만남이 필요하다.

수면 위로 드러난 외부행동과 대처방식뿐만 아니라 수면 밑에 잠겨 있는 감정, 지각, 기대, 열망에 대한 충분히 선행되어야 배우자의 진정한 자아와 만날 수 있다.

128. 바라는 배필

부부가 살다 보면 갈등이 생기기 마련이다. 연애할 때는 내가 배우자에게 맞춰 주고 욕구를 채워 줬지만, 결혼 후에는 배우자가 내게 맞춰 주길 강요한다.

'돕는 배필'에서 '바라는 배필'로 변한다. 그래서 갈등이 일어나며 이것은 인간의 죄성의 결과이다. 갈등은 언제든지 일어날 수 있다. 문제는 갈등이 아니라 갈등을 풀어 가는 데 있다. 갈등이 생기면 누군가가 먼저 화해의 손을 내밀어야 하며, 또한 갈등을 풀어 가기 위해서는 '배우자가 틀린 게 아니라 나와 다르다'는 생각을 가지고 대화를 시작해야 한다.

129. 한마디

부부 서로가 나누는 고운 미소 하나는 희망이 된다.

미소 안에 담긴 마음은 배려와 사랑이다. 진정한 마음에서 우러나오는 미소는 부부 서로를 아름답게 하고 기쁘게 한다. 부부 서로가 표현하는 말은 내면의 향기이다. 칭찬과 용기를 주는 말 한마디에 부부 서로의 부부 생활에 빛나는 햇살이 된다. 아름다운 말 한마디는 부부의 사소한 삶을 윤택하게 하고 부부 사이에 막힌 담을 허물어 준다. 혹시 배우자가 실의에 빠져 있을 때 격려의 말 한마디, 슬픔에 잠겨 있을 때 배우자에게 용기의 말 한마디 건네 보기 바란다.

130. 설니홍조

소동파의 시에 설니홍조(雪泥鴻爪)라는 표현이 있다. 기러기가 눈밭에 남기는 선명한 발자국이란 뜻이다. 그러나 그 자취는 눈이 녹으면 없어지고 만다.

인생의 흔적도 이런 게 아닐까?

언젠가는 기억이나 역사에서 사라지는 덧없는 여로, 뜻있는 일을 하면서 성실하게 살고 하늘을 우러러 한 점 부끄럼 없이 지내는 일이 참 어려운 과제다.

부부는 서로 행복한 가정이란 낙원을 꿈꾸며 스스로를 격려하고 미소 지으며 살아가야 한다.

베토벤이 "인생은 천 번을 살아도 좋을 만큼 아름답다."라고 한 말을 음미하고 깊이 성찰해 보자.

131. 인생의 동행자

부부는 서로의 단점, 실수, 다른 의견은 아주 작게 줄여 나가고 장점, 잘한 점, 같은 의견은 더욱 크게 발전해야 한다. 남편은 나보다 아내를, 아내는 나보다 남편을 더욱 아끼고 존중하며 양보하고 용서할 수 있는 지혜를 터득하여 말하고 행동해야 한다. 부부는 어떠한 경우라도 항시 사랑하고 존경하는 인생의 동행자가 되어야 한다.

132. 부부의 얼굴

부부가 인생을 살아가면서 다섯 가지를 잘 먹어야 한다.

① 음식을 잘 먹어야 한다.

② 물을 잘 먹어야 한다.

③ 공기를 잘 먹어야 한다.

④ 마음을 잘 먹어야 한다.

⑤ 나이를 잘 먹어야 한다.

이것이 건강한 삶의 비결이기도 하지만, 존경받는 삶의 길이기도 하다. 패션 디자이너 코코 샤넬은 "스무 살의 얼굴은 자연의 선물이고, 쉰 살의 얼굴은 당신의 공적이다."라는 명언을 남겼다. 그렇다면 부부 중년 이후의 얼굴은 부부 생활에 대한 결과라 할 수 있다. 부부 서로가 나이를 잘 먹는다는 것은 정말로 어려운 부부 생활의 과제이다

133. 유화선순

아내는 가정의 주춧돌이다. 아내가 집을 단단히 받치고 있지 않으면 가정이 무너질 수 있다.

석가는 "이 세상에서 유화선순(柔和善順)보다 더 큰 힘은 없다."라고 말했다. 부드럽고 평화롭고 착하고 유순한 마음이다. 아무리

강한 것이라도 부드러운 것은 이기지 못하고, 투쟁은 평화로움을 넘어서지 못하며, 이기심은 선한 마음을, 약삭빠름은 유순함을 따라잡을 수 없다. 부부 서로가 마음먹고 유화선순의 삶을 실천해 보자. 자신도 모르는 사이에 배우자를 원망하는 마음은 눈 녹듯 사라진다. 부부의 행복 가꾸기 그 핵심은 유화선순의 삶을 실천하는 것이다.

134. 섹스

부부의 성생활은 부부가 몸으로 나누는 가장 솔직하고 다정한 대화이다.

중요한 것은 섹스의 횟수나 시간이 아니라 얼마나 서로의 욕구를 잘 이해하고 친밀감을 나누려 하느냐에 있다. 남편과 아내의 신체구조가 다르듯이 성에 대한 생각과 행동과 반응에 상당한 차이가 있다.

남편은 프르노적 성향이 강하다.

아내는 로맨스적 성향이 강하다.

남편은 성관계의 양적인 측면을 중시한다.

아내는 성관계의 질적인 측면을 중시한다.

남편은 양은 냄비 같고, 아내는 뚝배기 같다.

135. 인생훈

괴테(Goethe)는 종합적 천재다. 그의 인생훈은 지혜롭다.

① 지나간 일을 쓸데없이 후회하지 말 것.

② 될수록 성을 내지 말 것. 절대로 분노의 노예가 되지 말라.

③ 언제나 현재를 즐길 것. 지금 내가 하고 있는 일을 즐기고 그
   일에 정성과 정열을 다하는 것이 가장 현명하다.

④ 특히 남을 미워하지 말 것. 될수록 넓은 아량을 갖고 남을 포
   용하여라.

⑤ 미래를 신에게 맡길 것. 미래는 미지의 영역이다.

미래는 하늘과 신에게 맡기고 내가 할 수 있는 일에 전력을 다하
는 것이 현명하다.

136. 안유사덕

　우리의 전통혼례에는 주례사가 없고 전안례(奠鴈禮)로 대신했다.

　기러기 한 쌍으로 주례사를 대신한 것은 안유사덕(雁有四德)이 있기 때문이다.

　기러기는 때가 되면 반드시 돌아오는 믿음의 신덕(信德),

　때를 지나 날아갈 때는 질서를 유지하는 화덕(和德),

　죽을 때까지 절개를 지키는 절덕(節德),

　무리생활을 하면서 의로써 맡은 바를 다하는 의덕(義德),

　다산을 하여 번성시키는 성덕(盛德)이다.

　아무쪼록 부부는 안유사덕(雁有四德)을 본받아야 한다.

137. 사랑의 언약

　결혼은 계약이 아니라 언약이다.

　재산 학력 외모의 조건을 맞추고 계산해서 손해 보지 않기 때문에 결혼하는 것이 아니다.

　성경은 "남자가 부모를 떠나 그의 아내와 합하여 한 몸을 이룰 지니라."라 말했다.

부모로부터 정서적 경제적 의지적 독립을 이루어야 한다.

둘이 한 몸을 이루어야 한다.

이것은 육체뿐 아니라 사상과 신앙 가치를 공유해야 함을 말한다.

138. 어머니의 싸움

미국의 시인 요와킨 밀러는 "인간의 가장 용감한 싸움이 언제 어디서 있었는지 말하면 그것은 곧 어머니들이 싸운 싸움이다. 약한 생명을 강하게 하기 위하여, 어린 자녀를 슬기롭게 하기 위하여, 낙심한 자녀에게 용기와 힘을 주기 위해서, 게으른 아들딸을 부지런하게 만들기 위해서, 악과 어둠 속에서 허덕이는 생명을 선과 광명의 길로 이끌기 위해서, 어머니들이 싸운 무수한 싸움은 인간의 싸움 중에서 가장 숭고하고 아름답고 용감한 싸움이다."라고 말했다.

이 세상의 아들딸들의 고결한 인격과 뛰어난 능력은 어머니들의 현명하고, 엄격한 자애심의 결과이다.

139. 러시아의 속담

러시아의 속담에 "전쟁터에 나갈 때는 한 번 기도하라. 바다에 나갈 때는 두 번 기도하라. 결혼할 때는 세 번 기도하라."라는 말이 있다. 이 속담의 뜻은 부부 생활은 순풍에 돛단 것처럼 평탄치 않고 어려움이 많다는 것을 말해 주고 있다.

그래서 부부의 사랑은 주는 노력이 언제나 필요하다. 마음도 주고, 돈도 주고, 선물도 주고, 아름다운 언어도 주고, 웃음도 주어야 한다.

140. 평균 특질

부부는 생물학적 생김새, 사고방식, 가치관, 기능이 다르고 그 속성이 다르다.

일반적이고 과학적 평균 특질의 다름을 올바로 이해해야 슬기로운 부부 생활을 할 수 있다.

① 말수 적은 남편, 말 많은 아내.
② 성취지향적이고 논리적인 남편, 관계지향적이고 감성적인 아내.

③ 홀로 있기를 좋아하는 남편, 어울리기를 좋아하는 아내.

④ 목표지향적인 남편, 감성지향적인 아내.

⑤ 한 번에 한 가지밖에 못 하는 남편, 동시에 여러 가지를 해내는 아내.

⑥ 해결만 제시하는 남편, 공감을 얻어 내는 아내.

141. 상승효과

부부 관계는 상승효과(시너지효과)가 있어야 한다.

부부 건강은 신체적 정신적 정서적 영적 사회적 안녕상태이다. 건강한 부부 관계는 부부의 행복으로 가는 지름길이다. 부부 생활의 행복과 불행은 부부 관계가 좌우한다.

부부란 반쪽의 두 개가 아니고 하나의 전체이다.

부부는 하나의 틀이요, 구조로써 각자 독자적인 행동영역을 가지고 있다. 부부는 부부라는 공동체로 존재한다.

그러나 각자의 고유한 관계와 영역이 있어야 한다.

사색이나 운동, 일, 휴식 등 일상생활이 기본적으로는 개체적이다. 이 점을 인정하고 서로 존중할 줄 알아야 부부 관계의 진면목을 찾고, 그것을 향유할 줄도 알게 된다.

142. 부부 건강

부부 서로는 신체적으로 건강하도록 생활해야 한다.

부부는 건강한 몸으로 에너지를 공급하고 도와준다. 부부는 정서적으로 서로에게 좋은 기분을 주는 관계가 된다. 이를 통하여 항상 기분이 평온하고 기쁨이 넘치며 즐거워야 한다. 부부는 맑은 머리로 창의적 사고를 하도록 도와 정신 건강을 증진한다. 배우자의 지적 호기심을 존중해 주고 자긍심을 인정하고 북돋워 준다. 부부는 도덕과 양심에 따라 일상생활을 바르게 살도록 서로 도움으로써 영적 건강을 유지한다.

143. 관심

부부는 하늘이 맺어 준 인연이다. 서로를 존중하고, 아끼며 평생을 사랑해야 한다. 더 좋은 부부의 관계를 유지하기 위해서는 서로에 대한 끝없는 관심을 가져야 한다. 배우자에 대해 많이 안다는 것은 그만큼 서로에게 관심이 있다는 뜻이다. 관심을 보내면 보낼수록 관계는 더욱 좋아진다. 배우자를 존중하는 것은 나를 존중하는 것이다. 좋아하고 존중하는 마음은 배우자를 선택한 중요한 이

유이다. 서로에 생각을 터놓고 공유할 수 있도록 하자.

144. 부부 권력

부부 관계에서의 권력 유형은 남편 지배형(남편이 가족의 리더), 부인 지배형(부인이 가족의 리더), 평등형, 자율형이 있다.

평등한 부부 관계에서는 부부가 의사결정과 모든 일을 공유함으로써 권력의 균형을 이루게 된다. 자율적 관계에서는 한 사람이 특정 영역에서 권력을 갖는 반면 상대방은 다른 영역에서 권력을 갖는다. 평등한 부부 관계를 이룩하는 것은 쉬운 일이 아니다. 평등한 관계를 맺고 있는 부부는 서로에게 많은 관심을 가지며, 행복해한다. 서로의 행복과 성장을 위해 책임을 다하며, 서로를 비난하지 않는다. 두 사람이 함께 결정을 내리므로, 한 사람이 내리는 결정보다 합리적인 결정을 내릴 수 있다.

145. 접시와 호리병

부부는 남자와 여자라는 성별의 차이가 있고 자라 온 배경도 성격도 서로 다르다. 서로의 반응 차이에 대해 세심하게 관찰해야 한다. 자기중심적으로 행동하기 보다는 배우자가 원하는 것이 무엇인지를 아는 것이 중요하다. 납작한 접시에 담긴 생선을 대접받는 두루미와 호리병에 든 생선을 대접받는 여우의 곤란한 상황이 부부 사이에 재현되고 있는 것은 아닌지 생각해 볼 필요가 있다.

146. 다르다

남성과 여성은 다르다. 여성에게는 남성에게 없는 놀라운 힘과 능력, 기술, 잠재력이 있다. 그것은 남성도 마찬가지다.

남성은 선천적으로 근본적으로 기질적으로 여러 가지 면에서 여성과 다르다. 신체적 구조, 호르몬, 생물학적 구조, 뇌 등 모두가 다르다. 남편의 타고난 능력을 이용하여 아내의 요구를 먼저 충족시킬 때 결혼 생활이 개선된다. 뿐만 아니라 그들 자신도 어느 때보다 더 행복하고 충만한 기분을 느낀다. 이것이 행복한 남편이 되는 비결이다.

147. 분노

부부 갈등은 불가피하다. 그러나 분노는 그렇지 않다. 분노는 통제하는 방법을 배울 수 있다. 동시에 갈등은 평화롭고 창조적인 방식으로 해결하는 법을 배울 수 있다. Borcherdt는 "인간은 모든 감정 중에서 분노는 우리에게 가장 큰 해를 끼치며, 개인, 부부, 가족에게 최악의 상황을 야기한다."라고 했다. 분노는 실제로 양날의 칼과 같다. 남편(아내)이 아내(남편)에게 화를 내게 되면, 그것은 상대방뿐만 아니라 자신에게도 부정적인 영향을 미치게 된다. 그가 말한 것처럼 '자신이 고통받지 않고 누군가를 미워하고 분노하는 것은 불가능하다.' 때때로 분노가 기분 좋게 할 수 있지만 분노는 죄의식을 느끼게 하고 자신에 대해 부정적인 느낌이 들게 할 수도 있다.

148. 생각

부부는 생각하는 동물이다. 부부는 서로 보고 경험하는 것을 해석하기 위해 생각을 한다. 생각은 부부가 원하든 원하지 않든 지속된다. 부부 서로가 어떤 생각을 하고 있느냐에 따라 부부 서로의 일상은 완전히 달라질 수 있다. 부부 서로의 하루가 편안해지느냐 불쾌해지느냐는 바로 부부 서로의 생각에 달려 있다.

똑같은 일이 벌어져도 이를 받아들이는 방법은 다양하다. 긍정과 부정, 과거와 미래, 희망과 절망 등은 바로 생각에서 우러나온다. 생각을 하는 주체가 바로 부부 서로라는 사실을 이행한다면 부부 서로의 삶은 좀 더 윤택하게 바뀔 것이다.

149. 적

시인 바이런은 결혼 후에 이런 말을 남겼다.

"굉장한 적을 만났다. 아내다. 이런 적은 생전 처음이다."

배우자가 적으로 느껴지는 것은 나와 달라도 너무 다른 배우자가 나의 다른 영역을 침범했기 때문이다. 하지만 부부는 서로 인생의 동반자가 되어 같은 곳을 바라보며 함께 발을 맞추어 가는 존재다. 아무리 깊게 사랑을 하고 결혼을 해도 다름은 언제나 숙제처럼 부부에게 남아 있다. 이 다름을 침범으로 받아들이면 배우자는 평생 불편한 적이 될 것이고, 보완으로 받아들이면 배우자는 평생 고마운 배필이 될 것이다.

150. 정서건강

일소일소 일로일로(一笑一少 一怒一老)이다. 정서건강이 신체건강에 큰 영향을 준다. 사랑이 건강이다. 사랑을 베푸는 데 인색하면 부부 생활은 고독하게 된다. 애정은 에로스와 아가페의 중간 어디쯤에 위치하여 양면성을 갖는다. 느낌이나 감정은 만들기에 따라 강화되는 경향이 있다. 좋아하면 좋아할수록 더욱 좋아지고, 싫어하면 싫어할수록 더욱 싫어지게 된다. 부부의 정서건강은 마음먹고 만들기에 따라 좋게 할 수 있다. 부부 관계는 약간의 노력으로도 큰 즐거움과 행복을 가져올 수 있다. 노력이 쌓이게 되면 부부의 정서건강이 성숙되면서 부부의 얼굴이 편안하고 우아하게 된다.

151. 의사소통 4요소

부부 사이의 의사소통에는 장애요인들이 있다. 의사소통의 4요소(주체, 내용, 대상, 상황) 중 어느 한 요소가 은폐되거나, 비언어적 의사소통의 수준 그리고 은유적 의사소통이 일치하지 않을 때 의사소통은 불일치하게 된다. 이러한 의사소통이 장기간 되풀이되면 갈등을 유발하게 된다. 부부는 의사소통을 통하여 함께 사는 법을 배우고 자신과 배우자의 역할과 목표를 알게 된다. 뿐만 아니라 가족 내의 문제 상황을 해결하는 방안을 모색하게 되며 사랑과 존경을 나타낼 수 있다.

152. 의사소통

부부의 의사소통은 행복한 결혼 생활에 있어서 절대 필요한 요소이다. 완전한 의사소통은 거의 불가능하다. 부부가 더 많은 노력을 하게 되면 상호 간의 효과적인 의사소통이 가능하게 된다. 부부는 아무리 친밀할지라도 서로 상이한 세계에서 살 수밖에 없다. 그들이 교환할 수 있는 의사소통에 의해서만이 일부를 노출시킬 수 있다. 부부는 부부간의 의사소통을 통하여 함께 사는 법을 배우고 자신과 배우자의 역할과 목표를 알게 된다. 가정 내의 문제 상황을 해결하는 방안을 모색하게 되며 사랑과 존경을 나타낼 수 있다. 부부간의 의사소통은 효과적인 가정 관리를 성취하는 데 있어 중요한 기능을 한다.

153. 부부 유형

부부의 유형에는 갈등이 습관화된 부부, 활력이 없는 부부, 소극적 부부, 생기 있는 부부, 밀착 있는 부부로 분류할 수 있다. 생기 있는 부부 관계는 부부가 많은 시간을 함께 보내며 즐긴다. 이들 부부는 각자 독자성을 지니면서 부부 관계 자체가 각자에게 중요하다고 느끼고 있으며, 가정생활을 중심으로 자신들의 생활에 만족하며, 직업 활동과 사회 활동이 성공적이다. 밀착 있는 부부는 부부가 일상생활의 많은 측면에 공동으로 참여한다. 부부는 비슷한 직업, 같은 직장, 공저, 부부가 공동으로 운영하는 사업 등과 같이 일을 함께하며 생활한다. 모든 일상생활이 부부 중심이어서 부부간에 너무 친밀하고 깊이 몰두하여 자녀들에게 소외감을 줄 수도 있고 친구들이나 이웃, 친척, 사회 동료들로부터 이탈감을 느낄 수도 있다.

154. 도구

부부들 중에는 자신이 행복해지기 위해 결혼을 한다.
바로 여기에서 부부 사이에 문제가 발생한다.

배우자는 결국 자신을 행복하게 하는 도구나 수단으로 전락해 버린다. 이 도구는 자신의 이익을 위해 고치고 길들여야 한다. 이것이 잘되지 않아 부부 갈등이 생긴다. 서로가 행복의 주인공이 되고 싶어 하지, 도구가 되려고 하지를 않는다. 부부 서로가 먼저 도구가 되어 불편한 짐을 하나 더 져야 한다. 남편(아내)의 행복은 아내(남편)를 행복하게 해 주면서 그 행복해하는 것을 보면서 찾아야 한다.

155. 육근

부부가 오래 살고 싶으면 마음이 먼저 건강해야 한다. 부부 몸에는 안이비설신의(眼耳鼻舌身義) 육근(六根)이라는 도둑놈이 있다. 이놈의 욕심이 지나쳐 부부의 생명을 빨리 거두어 간다.

예쁜 것만 보려는 눈이라는 도둑놈, 자신에게 좋은 소리만 들으려는 귀라는 도둑놈, 좋은 냄새만 맡으려는 코라는 도둑놈, 맛있는 것만 처먹으려는 입이라는 도둑놈, 쾌감만 얻으려는 육신이라는 도둑놈, 명예와 권력에 집착하려는 생각이라는 도둑놈.

이 여섯 도둑놈을 다스리는 놈이 바로 마음인데 이를 잘 다스려야만 오래 살 수 있다. 이 여섯 도둑놈이 자꾸 번뇌를 일으켜서 부부 몸을 빨리 망치게 한다. 정신이 건강해야 육신도 건강해지는 법이다.

156. 도반

불가에서 말하는 '108번뇌'라는 숫자는 안이비설신의(眼耳鼻舌身意) 육근(六根)과 색성향미촉법의 육경, 좋음, 나쁨, 평등이라는 호악평등(好惡平等) 그리고 과거 현재 미래에 끊임없이 작용하여 생긴 것을 말한다.

육근에 육경을 더하면 12, 호악평등에 3을 곱하면 36, 여기에 과거 현재 미래인 3을 곱하면 108이 된다.

108번뇌는 부부가 살아 있는 한 끊임없이 작용한다는 뜻이다. 육근이라는 번뇌의 도둑을 조종하는 내 마음을 잘 다스려야만 건강한 삶을 오래 유지할 수 있다.

부부가 함께 도반(道伴)이 되어 건강하고 행복한 동행자가 되자.

157. 듣기 유형

부부의 대화의 시작은 듣기라 할 수 있다. 좋은 대화를 하자면 잘 들어 주는 것이 시작이다. 부부의 대화 태도는 무시형, 기만형, 얌체형, 맞장구형이 있다. 무시형은 배우자가 어떤 말을 해도 무시한다. 기만형은 듣는 척하지만 듣지 않는다. 얌체형은 듣고 싶은 이야기만 선택적으로 듣는다. 맞장구형은 열심히 듣고 적극적으로 반응해 준다. 무시형과 기만형은 부부 사이에 침묵을 낳기 쉽고 얌체형은 사소한 다툼의 원인이 된다. 맞장구형은 서로를 자극하여 여러 가지 말을 꺼내도록 함으로써 부부간에 활발한 대화를 유도한다. 듣기의 핵심은 배우자의 말에 집중하는 것으로 눈을 마주보는 것이 중요하다. 눈을 보면서 끄덕여 주는 것만으로도 맞장구형이 될 수 있다.

158. 세 가지 유형

부부의 말하기 태도는 평소에 어떤 식의 말을 많이 하는 가를 점검해 볼 필요가 있다. 부부들은 입은 귀와 연결되어 있어 귀에 익은 말이 입에서 쉽게 나가는 경향이 있다. 부부 일상생활에 흔히 나타나는 표현은 세 가지 유형이 있다. 개떡형(비난), 돌떡형(냉소), 찰떡형(공감)이다. 가령 아이들 문제가 발생했을 때 개떡형은 "얘는 도대체 누굴 닮아서 이 모양이야!" 돌떡형은 "남편(아내) 덕 없는 내가 자식 덕 보겠나!" 찰떡형은 "속상하지만 아이와 셋이 얘기 한번 해 보자!"로 반응 표현한다. 당신은 상황마다 어떤 말을 쓰고 있는지 점검해 보자.

159. 지금 여기에

부부 사랑은 일상이다. 언제나 지금 여기에 존재해야 하는 것이 부부 사랑이다. 그래서 지금 여기에 있는 그대로의 모습으로 부부 사랑을 표현하는 훈련이 꼭 필요하다. 일상화된 부부 사랑을 자주 표현하는 것이 기본이다. '지금 여기'가 있을 뿐 '나중'은 없다는 생각으로 치열하게 부부가 사랑한다면 더욱 풍성한 사랑을 누릴 수 있다.

160. 선순환 고리

사랑하는 일에는 빛과 그림자가 있다. 미움과 실망, 배반감, 실망은 사랑이라는 동전의 뒷면이다. 사랑이 빛이라면 미움과 실망, 배반감, 실망은 그림자이다. 배우자에 대해 미움이 생길 때 미움－벌주기－무관심―사랑의 철회로 이어지는 악순환의 고리를 끊고, 대신 미움－솔직한 나 전달－상호 이해―사랑의 회복으로 이어지는 선순환의 궤도를 달릴 수 있도록 부부간 대화의 통로를 활짝 열어야 한다. 사랑의 악순환 고리의 주재료는 비난이다.

161. 결혼 생활

부부는 두 성인이 서로의 생리적, 심리적, 사회적인 욕구를 충족하기 위해 상호작용하는 관계이다. 가족은 점차 부부 중심으로 변화되어 가고 있다. 결혼 생활에서도 사회적 관계망에서의 도움과 제재보다는 점차 부부 관계가 결혼 생활의 성공에 중요하게 작용하고 있다. 서로 다른 환경에 속해 있던 두 개인이 결혼이란 관문을 통해 가정이란 테두리 안에서 만난다. 각자의 인격이 노출되고 부딪히게 되므로 만족스러운 관계를 형성해 가기 위하여 끊임없이 노력해야 한다.

162. 속도 조절

결혼 생활은 결코 우아한 것이 아니고, 삶 그자체이다. 결혼 생활은 놀이가 아니다. 사랑도 결혼 생활도 현실이다. 결혼 생활은 사실 그다지 멋스러운 일이 아니다. 도리어 때로는 스타일을 구겨 가면서 서로의 진실에 근접해가야 하는 치열한 작업이다. 결혼 생활은 환상이 아니다. 드라마도 아니다. 현실에서 만나고 사랑하고 생활하기 때문에 치열한 노력과 자기 점검이 필요하다. 현재의 내

위치는 어디인지, 속도는 적절한지를 철저히 점검하며 살아야 한다. 누구나 자신의 결혼 생활이 행복하고 성공적이기를 희망한다. 그리고 대부분의 사람들은 그런 결혼 생활의 해법을 서로의 사랑에서 찾으려고 한다. 그러나 결혼 전의 사랑, 그 자체만으로는 행복한 부부 생활을 유지하는 데 충분하지 못하다. 왜냐하면 결혼이란 현실이기 때문이다.

163. 속담

우리의 속담은 기나긴 자기 수행과 같은 부부 생활의 과정을 절묘하게 표현한다.

열 줄은 멋모르고 살고, 스무 줄은 아기자기하게 살고, 서른 줄은 눈코 뜰 새 없이 살고, 마흔 줄은 서로 못 버려서 살고, 쉰 줄은 서로가 가여워서 살고, 예순 줄은 서로 고마워서 살고, 일흔 줄은 등 긁어 주는 맛에 산다.

자식 기르느라 정신없다가 사십에 들어서 지지고 볶으며 지내며 소 닭 보듯이, 닭 소 보듯이 지나쳐 버리기 일쑤이고, 서로가 왠수 같은데 어느 날 머리칼이 희끗해진 걸 보니 불현 듯 가여워진다. 서로 굽은 등을 내보일 때쯤이면 철없고 무심했던 지난날을 용

케 견디어 준 서로가 눈물 나게 고마워진다. 이젠 지상에 머물 날도 얼마 남지 않았는데 쭈글쭈글해진 살을 서로 긁어 주고 있노라니 팽팽했던 피부로도 알 수 없었던 남녀의 사랑이기보다 평화로운 슬픔이랄까, 자비심이랄까? 그런 것들에 가슴이 뭉클해지고 인생의 무상함을 느끼게 된다.

164. 30cm

아내와 남편의 갈등은 머리와 가슴의 차이에서 온다.

머리에서 가슴까지의 거리는 약 30cm이다.

불과 30cm의 차이가 부부간의 소통에 문제를 일으킨다.

서로가 서로의 속마음을 이해할 수 있도록 접근하고 반응하는 훈련이 필요하다.

남편들은 아내가 하는 말 속에 숨어 있는 감정을 읽는 훈련을 해야 하고, 아내들은 자신의 감정을 적절하게 그러나 정중하게 표현할 필요가 있다.

165. 기술

결혼의 기술은 결국 관계의 기술이다. 주관계와 보조 관계의 설정을 잘해 나가는 것이 필요하다. 기술에서 가장 중요한 것은 배우자에게 좋은 것을 해 주기보다는 배우자에게 싫어하는 것을 안 하는 것이다. 배우자의 욕구를 충족시켜 주기보다는 배우자에게 괴로움을 주지 않는 것을 먼저 고려하는 것이 관계의 개선을 위해 더 필요하다. 주관계와 보조 관계의 설정을 잘해 나가는 것이 필요하다. 과거 전통적인 한국 가족에서 가족의 주관계는 부부 관계가 아니라 부모-자녀 관계였다. 그러나 현대 한국 가족에서 가족의 중심축은 부부이다. 보조 관계인 고부 관계 때문에 주관계인 부부 관계가 훼손되어서는 안 된다.

166. 부부 협력

부부 사이에 문제가 되는 사안이 있으면 부부싸움 예약제를 도입해 본다. 적절한 시간과 장소를 미리 약속해서 부부가 마치 정상회담을 하듯이 특정 문제를 다루어 본다. 전략적 부부싸움을 위한 원칙은 싸움의 주제에 집중하는 것이다. 논점이탈을 해서는 안 된다.

세 번째 원칙은 배우자가 아닌 문제 자체에 초점을 맞추는 것이다. 문제와 사람을 분리하는 작업을 먼저 하라는 것이다. 마지막 원칙은 이기려고 하지 말라는 것이다. 이기고 지는 것에는 항상 후유증이 따른다. 한쪽이 완전히 이기기보다는 함께 이길 수 있는 방법을 찾는 것이 좋다. 부부가 협력하여 더 좋은 결과를 이끌어 냈다고 생각할 수 있도록 서로 협상하고 양보하는 자세가 필요하다.

167. 경계

사람과 사람사이에는 경계가 있다. 경계란 사람과 사람, 조직 내 구성원과 구성원, 시스템과 시스템의 안팎을 명료하게 구분한다. 이때 나는 '나'인 동시에 '관계 안의 나'이다. 건강하게 관계를 유지하려면 절대적 또는 상대적 경계를 잘 감지하고 지켜야 한다. 경계의 관점에서 보면, 부부가 한 공간에서 살아간다는 것은 무척이나 어려운 과업이다. 함께 살아간다는 것은 물리적 공간뿐만 아니라 심리적 공간을 공유한다는 의미이다. 특히 심리적 공유는 개인의 경계를 위협하고 사적인 부문을 축소시킨다. 부부 서로의 경계 유형을 깊이 성찰해 보자.

168. 사랑의 세 가지

사랑에는 여러 측면이 있다. 로버트 스턴버그는 "사랑의 삼각이론에서 사랑에는 친밀감과 열정과 헌신이라는 세 가지 면이 있다."라고 말했다. 친밀감과 열정은 있으나 헌신이 없는 사랑은 '낭만적 사랑'이다. 친밀감과 헌신은 있으나 열정이 없는 사랑은 '우애적 사랑'이고 열정과 헌신은 있으나 친밀감이 없는 사랑은 '얼빠진 사랑'이라고 한다. 친밀감과 열정, 헌신의 세 가지 요소를 모두 갖추었을 때 비로소 완전한 사랑이 된다. 친밀감, 열정, 헌신이라는 사랑의 세 가지 축이 든든하게 구축되어야 안정감이 있고, 부부가 함께 성장하며 행복한 결혼 생활을 이어 갈 수 있다.

169. 성격 발달

에리히 프롬은 "사랑이란 우리가 사랑하는 대상의 생명과 성장에 대한 적극적인 관심."이라고 말했다. 그는 "사랑은 수동적 감정이 아니라 활동이며 참여하는 것이지 빠지는 것이 아니며, 사랑은 원래 주는 것이지 받는 것은 아니다."라 말함으로써 사랑의 능동적 성격을 설명했다. 주는 행위로써의 사랑의 능력은 그 사람의 성격 발달에 달려 있다. 그는 특히 성격이 생산적인 방향으로 발달해야 한다고 말한다. 그는 모든 사랑의 형태에는 기본적인 요소가 내포되어 있다고 주장하는데 배려, 책임, 존경, 지식이 바로 그것이다. 성숙한 사랑에는 성숙한 인격이 전제되어야 하기 때문에 인격적으로 미성숙한 상태에서는 사랑 역시 미성숙한 형태인 공생적 결합이 된다.

170. 차이점

"인간은 유사성을 바탕으로 관계를 형성하고, 차이점을 바탕으로 성장한다."라는 말이 있다. 사랑은 유사점에서 출발하지만 사랑을 성숙시키는 것은 차이점이다. 학자들은 연령, 학력, 종교, 경제적 수준 같은 사회적 특징과 가치관은 동질적인 것이 좋고 성격이나 욕구는 이질적이어서 서로 보완하면 좋다고 말한다. 부부 생활의 밀도가 더해지면서 이질적인 면이 기하급수적으로 발견되는 것이 결혼 생활이므로 결국은 동질적인 부분보다는 이질적인 부분의 적응이 결혼 생활의 핵심이 되면서 부부는 함께 성장하게 된다.

171. 대화 부재

부부는 결혼 전과 결혼 초의 자상함과 사랑을 유지하도록 노력해야 한다. 아내는 한 포기 화초와도 같다. 남편의 사랑을 받지 못하면 마음이 병들고 멍든다. 음식을 준비할 때 남편의 식성에 유의하여야 한다. 식탁은 가정의 화목을 도모하고 대화를 나누는 친교의 광장이며 하루의 피로를 풀고 내일을 꿈꾸는 희망의 산실이다. 부부는 모든 일은 서로 의논하고 결정하여야 한다.

결혼의 행복이란 부부간의 대화에 달려 있다. 가정불화는 대화 부재에서 오는 것임을 기억하여야 한다. 부부간의 대화에 있어서 아내는 어머니다운 지혜와 인내를 갖고 노력해야 한다.

172. 관계의 기술

결혼의 기술은 결국 관계의 기술이다. 관계의 기술에서 가장 중요한 것은 사랑이다.

큐버와 페기 해로프가 분류한 결혼 생활 유형에는 싸움이 습관화된 결혼 생활, 생기를 잃은 결혼 생활, 소극적 공리주의적 결혼 생활, 생기 있는 결혼 생활, 전면적 결혼 생활이라는 다섯 가지 유형이 있다.

싸움이 습관화된 결혼 생활은 긴장과 갈등의 관계 속에서 계속적으로 부부싸움은 하지만 이혼은 하지 않는다. 생기를 잃은 결혼 생활은 신혼 초기에는 낭만적 사랑과 친근감으로 활기차고 강력한 감정적 교류를 하면서 살지만 결혼 생활이 지속되면서 만족감과 행복감이 감소되는 유형이다.

소극적 공리주의적 결혼 생활은 신혼 초부터 부부간의 감정적 개입을 덜 하면서 서로 상대방에게 깊이 관여하지 않으며 사는 유형이다. 생기 있는 결혼 생활은 부부가 심리적으로 강하게 연결되어 있으며 우리 의식을 가지고 함께 참여하고 즐기고 행동하지만 어느 정도 독자성도 유지하며 사는 결혼 생활 방식이다.

전면적인 결혼 생활은 보다 많은 측면에서 상호 동료감과 관여도가 높은 결혼 생활이다.

173. 부부 기대

부부 서로는 반려자에게 무엇을 기대하게 되는가? 즉 "남편은 아내에게 아내는 남편에게 무엇을 해 주면 기뻐합니까?"라는 질문에 대한 대답은 대개 다음과 같다. 아내가 이렇게 해 주면 남편이 기쁘다.

① 실수했을 때 걱정할 필요가 없다고 말해 준다.

② 남편의 결점을 무리하게 바꾸려 하지 않는다.

③ 항상 남편에게 감사한다.

④ 남편을 올바르게 세워 준다.

⑤ 아이처럼 어리광을 부린다.

⑥ 진심으로 믿고 의지한다.

⑦ 남편의 노력을 칭찬한다.

남편이 이렇게 해 주면 기쁘다.

① 집에 돌아오면 우선 아내를 찾아 말을 건다.

② 아내의 하루생활에 관심을 갖는다.

③ 하루에 최소 20분 이상은 아내의 이야기를 듣는다.

④ 듣고 공감해 준다.

⑤ 아내가 이야기할 때는 열심히 듣는다.

⑥ 하루에도 몇 번씩 애정표현을 한다.

⑦ 아내에게 위로의 말을 건넨다.

174. 보상

사랑하는 마음이 제대로 전달되지 않으면 배우자가 미워지다가 급기야는 사랑하기를 포기하게 되면서 무관심으로 이어진다. 그렇게 미움에서 무관심으로 가는 과정에서 사랑하는 배우자에 대한 벌주기 현상이 나타난다. 그래도 배우자에 대한 사랑의 마음을 포기하지는 않았다는 뜻이니 그나마 무관심보다는 희망이 있다고 할 수 있다. 그러니 가까운 관계에서 벌주기는 큰 상처를 줄 수 있기 때문에 벌주기보다는 '나-전달법'과 '솔직히 말하기'를 사용하여 자신의 어려움을 있는 그대로 전달하는 것이 좋다. 결국 배우자에 대한 불만이나 섭섭함을 벌주기 행동으로 나타나게 되면 충격요법으로 어느 정도 효과를 볼 수도 있겠지만 도가 지나치면 서로에게 받는 보상(사랑) 자체를 포기하는 방향으로 관계를 이끌어 갈 수도 있다는 것을 잊어서는 안 된다.

175. 위험한 음식

"세상에서 가장 위험한 음식은 결혼케이크."라는 속담이 있다. 결혼을 잘 다루면 신이 내려 준 축복이 되지만 잘못 다루면 형벌이 될 수 있다. 보험에 가입할 수도 없고 그 한 종목에 자신의 모든 것을 거는 위험한 게임이며 투자이다. 부부 생활은 배우자와의 관계이기 전에 자신의 철학이나 인격에 의해 결정된다. 자신을 다스릴 수 없는 사람은 부부 생활에서도 실패할 확률이 높다. 행복한 부부 생활은 누군가로부터 받는 선물이 아니라 두 사람이 만들어 가는 작품이다. 서로 믿고 사랑하며 서로를 더 나은 사람으로 만들어 나가는 과정이다.

176. 유기체

부부 사랑은 필연적으로 용서를 필요로 한다. 사랑하는 부부와 사랑받는 부부 둘은 불완전하기 때문이다. 부부 사랑은 머물러 있지 않고 끊임없이 변화하고 성장하는 유기체와 같은 속성을 지녔다. 부부 사랑의 성장을 위해서는 최우선적으로 평등한 상호작용이 필요하다.

177. 성격 차이

부부 사이에 성격 차이를 극복하는 데 필요한 것은 사랑과 노력, 그리고 지식이다. 부부의 성격 차이를 극복하는 힘이야말로 그 사람이 가진 능력이다. 부부 사랑은 가슴으로만 하는 것이 아니고 머리로도 해야 한다. 사랑은 수용이고 이해이며 배우자의 타고난 자질 안에서 가장 아름다운 꽃을 필 수 있도록 도와주는 것이다.

178. 빙산 탐색

부부 사랑을 소유와 구속으로 착각해서는 안 된다. 소유하거나 구속한다면 배우자가 아닌 애완동물을 키우는 것과 같다. 새가 새장 안에서 키우는 것은 새가 날아갈 것을 두려워하기 때문이다. 칼릴 지브란은 "서로 사랑하되 그 사랑으로 구속하지 말라."라고 말했다. 부부가 서로 깊이 사랑하기 위해서는 부부 각자의 빙산과 빙산이 깊이 있는 만남이 필요하다. 수면 위로 드러난 외부행동과 대처방식뿐만 아니라 수면 밑에 잠겨 있는 감정, 지각, 기대, 열망에 대한 충분히 선행되어야 배우자의 진정한 자아와 만날 수 있다.

179. 칭찬

대개 남편들은 칭찬을 통해 살아가는 맛과 자신의 존재가치를 깨닫는다. 하지만 칭찬은커녕 잔소리와 비난이 쏟아지면 남편들은 모든 의욕을 상실한다.

칭찬은 삶의 무한한 에너지이다. 남편들은 자신의 가치를 인정해 주고 칭찬해 주는 사람을 위하여 목숨을 바치는 존재이다.

칭찬은 신바람을 나게 한다. 남편이 조금 잘해도 그것을 확대하여 크게 칭찬해 준다. 남편은 칭찬에 목말라 있다.

목마른 사람에게 물을 주듯이 칭찬을 하면 금방 생기가 돌고 의욕이 넘친다.

좌절감에 빠진 남편에게 "당신이 하면 충분히 해낼 수 있어요. 나는 당신만 믿어요."라고 말하면서 손을 꼭 잡아 보라.

180. 모습

헝가리의 시인이자 소설가인 밀란 쿤데라의 저서 중 《참을 수 없는 존재의 가벼움》이라는 책이 있다.

이 책은 남녀 간의 사랑이라는 주제를 무겁게 다룬 책이다.

한 침대에서 잔다는 것은 섹스만을 하겠다는 것이 아니다. 한 침대에서 밤에 같이 잠이 든다는 것은 그 사람의 코고는 소리…… . 이불을 내젓는 습성…… . 이 가는 소리…… . 단내 나는 입 등…… . 그것을 이해하는 것 이외에도, 그 모습마저 사랑스럽게 볼 수 있다는 뜻이다. 화장 안한 맨 얼굴을 예쁘게 볼 수 있다는 뜻이며 로션 안 바른 얼굴을 멋있게 볼 수 있다는 뜻이다. 또한, 팔베개에 묻혀 눈을 떴을 때 아침의 당신의 모습은 볼 만하리라. 눈곱이 끼고, 머리는 떴으며, 침 흘린 자국이 있을 것이다. 또한 입에서는 단내가 날 것이고…… .

그 모습을 바라보며, 보여 줄 수 있다는 것은 단내 나는 입에 키스를 하고 눈곱을 손으로 떼어 주며 떠 있는 까치집의 머리를 손으로 빗겨 줄 수 있다는 뜻이다.

부부는 더욱 더 사랑스럽다.

181. 뇌량

아내는 분명히 남편과 평등한 권리를 가진다. 하지만 남편과 아내가 똑같은 것은 아니다. 정신과 신체에서 생물학적 차이가 있다는 사실을 부인해서도 안 되고 부인할 수도 없다.

좌뇌와 우뇌를 연결하는 섬유질 묶음인 뇌량은 아내가 더 많다.

좌뇌와 우뇌 사이에 이 발달된 통로는 아내가 논리적 뇌(좌뇌)와 본능적인 뇌(우뇌)에서 나오는 정보를 통합하는 능력을 높여 준다. 그리고 그것 때문에 아내는 정보를 처리할 때 뇌의 양쪽을 사용한다.

182. 화

혹시 부부 사이에 다툴 일이 생기면 서로는 먼저 톤을 낮춰서 부드럽고 조심스럽게 말한다. 이때 미소를 띠거나 어깨에 기대거나 손을 잡는 비언어적 행동까지 동원하면 더욱 효과적이다.

남편이 화를 낼 경우에는 20분을 기다려 주라. 남편이 감정적으로 흥분하게 되었을 때 심장 박동수, 맥박, 혈압, 혈당, 체온 등이 정상으로 돌아와서 다시 자신의 감정을 추스를 수 있는 최소한의 시간이 바로 20분이라는 연구결과도 있다. 남편이 화가 나 있는 상태에서는 아무리 대화를 시도하려 해도 신중한 판단과 감정조절을 관장하는 '전두엽'에 피가 가지 않기 때문에, 대화는커녕 더 큰 싸움으로 번지기 쉽다. 특히 아내가 20분 정도 남편에게 진정할 시간을 준 후에 다시 대화를 시도하는 것이 훨씬 효과적이다.

183. 외조

사랑하는 아내의 기를 살려 주는 남편이 해야 할 외조이다.

① 사랑한다고 말해 준다.

② 아내의 생일을 꼭 챙겨 준다.

③ 하루에 한 번 칭찬해 준다.

④ 손을 잡아 준다.

⑤ 부부싸움을 하고 난 후 더 빨리 말을 건다.

⑥ 혼자만의 시간을 갖게 한다.

⑦ 예쁘다고 말해 준다.

⑧ 한 달에 한 번 아내와 데이트한다.

⑨ 자녀 교육에 관심을 가져 준다.

⑩ 꼭 안아 준다.

184. 스냅사진

부부 생활이라는 한 장의 스냅 사진 속에는 현실과 환상, 기대와 좌절이 뒤섞여 있다. 사랑도 있지만 분노도 따른다. 만족과 실망이 공존하며 분주함과 휴식이 한자리에 있다. 행복한 부부 생활을 이끌어 나가는 것이 생각처럼 그리 쉽지 않다. 부부 서로는 스스로가 먼저 상대에게 적합한 배우자가 되어야 한다. 성숙한 부부 생활은 서로의 심리적 성장과 변화를 위한 결단과 훈련, 용기가 필요하다.

185. 고도의 감정

사랑은 매우 다면적인 정서 상태이다. 쉽게 정의 내릴 수 없는 단일 개념이 아니다.

사랑은 호감과 친밀감, 우정, 열정 혹은 정서적 각성, 성적매력, 헌신과 책임 등이 복잡하게 배합된 고도의 감정이다.

결혼 생활과 사랑은 불가분의 관계이다.

순수하고 열정적인 사랑에 대한 소망과 환상은 남녀노소 차이가 없다.

사랑만큼 부부를 들뜨게 설레게 하며 스스로가 확장된 듯한 기분을 느끼게 하는 정서는 없다.

186. 감정 조절

부부가 싸울 때 백이면 백 분노가 상황을 더 악화시킨다.

비난은 비난으로 되돌아오고 공격은 반격으로 되돌아온다는 것은 부부싸움의 변화지 않는 진리다.

잘 싸우고, 현명한 해결책을 찾고, 원만히 해결하려면 싸움이 끝날 때까지 감정조절을 잘해야 한다.

화를 조절 못 하고, 있는 감정 없는 감정 다 쏟아 내며 싸우다 보면 어떻게든 이기려고 애초에 생각도 않던 문제까지 들먹이게 되고, 그런 싸움은 냉전으로 이어진다.

감정조절도 끊임없는 연습과 훈련을 통해 가능하다.

187. 직업

결혼은 진정한 직업이다.

직업 세계와 사랑은 놀랄 만큼 흡사하다.

남편이라는 직업의 업무내용 설명서를 소개한다.

① 아내를 사랑하고 격려하고 존중하기.

② 성적으로 감정적으로 아내에게 충실하기.

③ 비판하지 않고 들어 주기.

④ 집 안팎에서 아내의 포부를 실현하는 것을 지원하고 격려하기.

⑤ 아내가 다르게 느낀다는 것을 이해하기.

⑥ 항상 정직하고 약속한 일을 지키기.

⑦ 아이를 돌보고 집안일 함께하기.

⑧ 연애할 때처럼 관심을 보이고 재미있게 놀기.

⑨ 애정을 보이기.

직장과 결혼 생활, 모두를 성공하려면 좋은 날이든 싫은 날이든 침대를 박차고 나와야 한다.

어떤 경영전술이든 갈고 닦아야 한다.

'할 수 있다'는 정신으로 무장하면 당신은 결혼 생활에서 엄청난 행복을 누릴 수 있다. 그리고 다른 어떤 직업보다 결혼이라는 직업을 사랑하게 될 것이다.

188. 배우자

부부 서로는 이제 부부 생활에 열정을 바치기로 결심해야 한다.

부부 서로가 배우자에 대해 모두 알고 있다고 자신하지 말라. 배워라. 프로이드가 한 유명한 말처럼 "그녀가 원하는 것이 무엇인가."라는 질문을 던져 봐야 한다. 남성들이 여성을 이해하지 못하는 때가 두 번 있는데, 한 번은 결혼 전이고, 다른 한 번은 결혼 후라는 것이다.

먼저 아내를 이해하는 것을 시작해 보자.

① 지금까지 믿었던 것은 모두 떨쳐 버려라.
② 아내를 자세히 들여다보자. (어머니 역할, 아내와 친부모와의 관계, 아내와 시부모와의 관계, 아이 키우는 문제, 아내의 직업, 물질에 대한 아내의 태도, 아내의 관심사)

189. 시댁

시댁은 남편의 자존심이자 아킬레스건이다. 남편에게 있어서 양친이 살고 있는 친가는 대부분의 경우 자신이 태어나고 성장한 곳이다. 삶의 원점이라고 할 수 있다. 따라서 아내는 사소한 일로 시댁을 얕보거나 무시해서는 안 된다. 시댁을 무시하는 것은 남편의 인격 자체를 문제 삼는 것이다. 남편이 화를 내는 것은 당연하다.

시댁 식구가 못마땅한 행동을 했다면 불만을 토로하더라도 그 행동 자체를 꼭 짚어 말하는 선에서 그만두어야지 시댁 식구 전체를 싸잡아 비난하는 말을 하면 안 된다.

190. 욕구

대부분의 부부싸움은 욕구가 충족되지 않았을 때 일어난다. 원하는 것이 뜻한 대로 충족되지 않았을 때 불만이 생기고 이것이 표면으로 드러나 싸움으로 불러오는 것이다. 배우자의 욕구만 재대로 파악해도 왜 싸우게 되는지 이유가 명확해지고 구체적 해결책도 찾을 수 있다. 인간은 본능적으로 세 가지 욕구를 갖는다. 통제욕구는 자기와 배우자의 삶을 지배하려는 욕구다. 관계욕구는 여성 대부분이 지닌 욕구다. 강한 배우자는 어딘가에 소속되고 지지를 받고 사랑을 주고받기를 원한다. 인정욕구는 무슨 일이든 능력을 인정받으려는 욕구를 말한다. 긍정적인 피드백이 없으면 불안하고 초조해한다.

191. 가정

　부부 생활의 뿌리는 가정에서 부부가 맺는 인간관계이다. 그러므로 남편이 가정에 있는 것은 그 관계를 돈독하게 하는 가장 좋은 방법이다. 가정에서 더 많은 시간을 보내는 것은 아내의 지배권에 도전하기 위해서가 아니다. 아내가 매일하는 일을 더 잘 알고 그것을 도와주고 보충해 주기 위해서다. 아버지가 집에 있는 시간이 많을수록 아이에게도 좋다. 남편이 가정에 있는 것은 아이들에게 가족의 유대감과 화목함을 선물하는 것이다. 남편이 가정에서 보내는 시간을 늘림으로써 얻는 이득은 정서적 안정, 친밀감, 진실한 도움과 헌신의 느낌, 참여, 즐거움, 반려자의 느낌, 성적인 만족 등이다.

192. 전면전

　부부가 결혼하면 싸움은 필연적이다. 사실 다툼 없는 결혼 생활은 없다고 봐야 한다. 모든 부부는 언쟁하고 싸우고 노발대발한다. 그것이 인간의 본성이다.

　싸움의 원인은 대부분의 가정이 비슷하다. 부부들의 장단점은 모두 다르지만, 위험한 문제는 돈, 섹스, 인척, 집안일, 자녀이다. 싸움의 원인은 자기 말을 들어주기를 바라는 마음, 배려하는 마음, 그리고 존중받고 싶은 마음이 충족되지 않기 때문이다. 부부 중 한 쪽(또는 둘 다)이 자신의 감정을 배우자가 하찮게 여기고 무시한다는 생각이 들면 사소한 의견 차이가 곧바로 전면전으로 확산될 수 있다.

193. 매력

캐서린 하킴(Hakim, 영국)은 '매력 자본(Erotic capital)'이라는 개념을 만들어 냈다. 한마디로 매력이 능력이요, 경쟁력이라는 말이다. 물론 그녀가 말하는 매력은 '잘생긴 외모'만을 뜻하는 것은 아니다. 유머 감각이라든지 활력, 세련됨, 상대를 편안하게 하는 기술 등, 다른 이의 호감을 살 수 있도록 하는 멋진 기술을 말한다. 매력자본(erotic capital)을 개발하라. 이 세상 가장 든든한 빽은 바로 가족(남편, 아내)이다. 그들을 돌봐 주고(caing) 용기를 주고 (daring) 나눠 주어야(sharing) 한다. 매려자본을 갖춘 멋쟁이 남편과 아내가 되라.

194. 화해

부부 갈등이 큰 싸움으로 번지기 쉬운 주요 요인 네 가지이다. 그리고 그것을 막기 위한 방도이다.

① 화 돋우기
② 후퇴와 회피
③ 부정적 해석
④ 비난하기

화해(또는 수습)라고 해서 반드시 비굴한 모습을 보이거나 보석 같은 것을 선물해야 하는 것은 아니다. 그냥 애정이 담긴 '당신 이 거 좋아하지?' 같은 말일 수도 있고, 또는 마음을 표현하는 커피 한 잔일 수도 있다. 우스꽝스러운 표정이나 소리로 웃음을 유발하는 것도 한 방법이다. 부부싸움은 결혼 생활의 자연스러운 일부임을 인정하자. 비판하지 말고 비난하지 말라. 아내가 화를 내며 말하더 라도 당신은 부드러운 어조로 '나'를 주어로 하여 말하라.

195. 담쌓기

부부 서로의 경멸에 대한 해독제는 호감과 존중을 자주 표현하는 것이다. 호감과 존중을 표현할 때는 말뿐만 아니라 억양이나 표정 등에도 주의해야 한다. 부부 서로의 담쌓기의 해독제는 '진정 후 대화하기'이다.

물론 대화를 바로 시작할 수 있으면 좋겠지만, 담쌓기를 할 때는 이미 신체적, 생리적으로 흥분 상태이다.

먼저 마음을 진정한 후 부드럽게 대화한다.

196. 그네타기

부부 생활은 세월이 가면서 점차 낡고 귀퉁이가 헐어 가는 집을 하나씩 수리하듯이 고치고 또 고쳐 나가야 한다. 언제나 리모델링이 필요하다. 부부 생활과 건전지의 공통점은 무엇인가? 재충전하지 않으면 새로워질 수 없다는 사실이다. 마치 삶과 부부 생활은 그네타기와 같다. 그네를 타면 기쁨과 슬픔, 사랑과 미움. 희열과 권태 사이를 부단히 왕래하게 된다. 그 평범하고 반복되는 일상 속에서 행복의 궤도를 찾아야 한다. 부부 생활은 단지 '좋다, 나쁘다'

의 상태가 아니라 좋을 때도 있고 힘들 때도 있는 긴 여정이며, 적응과 개선의 여지가 살아 있는 시스템이다. 이 세상에서 누구보다도 특히 부부는 가장 소중하고 의미 있는 존재이다.

197. 달인

부부가 관계의 달인이 되려면 인식의 습관을 긍정적으로 바꿔라. 관계의 달인들은 습관적으로 긍정적인 면을 먼저 본다. 물론 생각만큼 쉽진 않겠지만 좋은 관계를 만들어 가려면 평소에 싸울 때조차도 일부러 좋은 점을 생각해야 한다. 일상 속에서 긍정적 언행을 조금씩 자주 표현하라. 관계의 달인이 되려면 생각을 긍정적으로 바꾸는 것과 동시에 그런 긍정적인 생각에서 우러난 행동을 일상에서 자주 실천해야 한다. 작은 일을 조금씩 자주하라. 누구든 작은 일이라도 상대에게 호감, 존중, 감사, 배려, 같은 긍정적인 말과 행동을 자주하면 안정되고 행복한 관계의 달인이 될 수 있다.

198. 실패

이런 부부는 꼭 실패한다.

침묵 부부는 부부 사이에 침묵은 금이 아니라 금이 가게 한다.

퉁명 부부는 부부 관계에 문제가 생기는 가장 큰 이유는 퉁명스러움이다.

돈돈 부부는 돈으로 연결되어 있다. 이런 부부는 곤란하다. 결혼생활의 행복에 있어서 돈은 필요조건이지만 충분조건은 아니다.

달달 부부는 부부라도 서로 각자의 영역과 자유를 인정해야 한다. 꼬치꼬치 캐묻고 달달 복지 말아야 한다.

험담 부부는 부부 서로 간에도 상스런 말을 해선 안 된다.

대화 부부, 감사 부부, 신앙 부부, 평화 부부, 덕담 부부는 반드시 행복하고 성공한다.

199. 듣는 것

달 밝은 밤에 아내가 "여보, 참 달이 밝지?" 하고 물으면 대부분의 남편은 "오늘이 보름이잖아. 그러니 당연히 달이 밝지." 하거나 "달 밝은 거 처음 봤어?" 하며 무안을 준다. 아내가 '달이 밝다'는 말은 '당신과 걷고 싶다'거나 '당신과 커피 한잔하고 싶다'는 뜻인데 남편은 그 마음을 못 알아듣는 것이다. 남편의 언어와 아내의 언어가 이렇게 다르며, '괜찮아'라는 말도 아내와 남편이 다르게 해석한다. 아내의 말 '괜찮아'는 썩 마음에 들지 않고 별로 안 괜찮고, 다른 조치를 취해 달라는 뜻이지만, 남편의 '괜찮아'는 정말 괜찮다는 뜻이다.

200. 부부 분류

부부 관계를 다섯 가지로 분류해 본다.

① '적' 관계 부부는 만나기만 하면 싸우고, 보기만 해도 밉다. 이혼까지 심각하게 고려한다.

② '소 닭' 부부는 주변에서 흔히 볼 수 있는 소 닭 보듯 하는 부부, 젊을 때 남편은 생계를 책임지고 아내는 집안을 운영하는 그대로 굳어진 경우이다. 각방을 쓰고 거의 대화가 없다. 각자 삶 살기 바쁘다.

③ '친구' 부부는 내적 성장에 관심을 두고 매일 함께 이야기하며 상황이 힘들어져도 서로를 절대 버리지 않는 부부이다.

④ '연인' 부부는 친구관계에 더해 만족할 만한 성생활을 영위하는 부부이다.

⑤ '간병인' 부부는 기대수명이 늘면서 의존수명이 길어졌다. 실질적 간병인 1순위가 배우자이다.

201. 꿈

행복하든 불행하든 부부도 인간이기 때문에 살다 보면 서로 얼굴을 찌푸릴 일도 있고 화낼 일도 있고, 오해도 하고, 갈등상황이 벌어지기도 한다. 그러나 행복한 부부는 갈등상황에서 갈등을 대화하는 태도가 훨씬 부드럽고 점잖다. 부부 서로는 대화를 해야 한다. 바쁘더라도 하루에 30분 정도는 꾸준히 대화를 하라.

202. 선한 눈

부부가 매력자본을 갖춘 멋쟁이가 되기 위해 노력하자.

일부러라도 자주 웃자.

아니 늘 웃는 얼굴을 하자. 일부러라도 그렇게 하자.

세상사에 불평불만이 많은 것처럼 흉(凶)한 것이 없다.

이러쿵저러쿵 따지며 가르치려 하지 말자. 웬만한 것은 양보하며 웃어넘기자. 삼갈 것은 확실히 삼가자.

음식도 깔끔히 먹자. 하고픈 말이 있더라고 중요한 것이 아니면 가급적 삼가고 흉한 행동도 삼가 하자.

세상을 선(善)한 눈으로, 사랑의 마음으로 보자. 마음을 사랑으로 가득 채우자. 오늘을 만끽하자.

미래를 걱정하지도 말고 오늘 최선을 다하며 오늘을 즐기자.

203. 훈련

부부가 대화를 하는 것은 아주 중요한 의사소통이며 사랑의 전달 수단이 되지만 사랑이 깨지는 원인으로 작용하기도 한다. 왜냐하면 남편과 아내의 언어가 다르기 때문이다. "남편은 말을 마음속에 담아 놓고 아내는 말속에 마음을 담아 놓는다."라는 말이 있다. 남편은 사실만을 얘기하지만 아내는 공감을 원한다. 남편은 문제해결을 위해 말을 하지만 아내는 마음이 후련해지기 위해 말을 한다. 아내들은 '남편은 말귀를 못 알아듣는다.'고 불평하고 남편들은 '아내가 무슨 말을 하는지 도대체 알아들을 수가 없다.'고 볼멘소리를 한다. 아내의 말을 들을 때는 문제지를 대하는 수험생처럼 대화하라. 행간에 숨겨진 아내의 마음을 읽는 훈련이 필요하다는 뜻이다.

204. 영향력

행복한 부부는 상대의 영향력을 받아들인다. '네가 뭐라 하든 나는 내 식대로 한다.'가 아니다. '시끄러워, 닥쳐, 그만둬.' 이런 말은 가능한 한 하지 않는다. '한번 생각해 볼게.' '당신 말도 일리가 있네.' '그렇게 생각할 수 있겠다.' '미처 몰랐어.' 이렇게 말하며 배우자의 영향력을 받아들인다. 행복한 부부들은 정서 통장이 넉넉하다. 행복한 부부들과 불행한 부부들의 차이는 문제가 있느냐 없느냐, 싸움을 하느냐 하지 않으냐가 아니라, 문제가 있을 때 그 문제를 어떻게 바라보고 어떻게 해결하느냐 하는 방식의 차이이다. 즉 '무엇이' 문제냐가 중요한 게 아니라 문제를 '어떻게 생각하고 어떻게 표현하느냐'에 따라서 서로가 행복을 유지할 수 있고 불행해질 수도 있는 것이다.

205. 해독제

부부 서로의 비난의 해독제는 적절한 불평과 요청이다. 배우자를 비난하는 대신 상황에 대해 불평하고 요청하는 것이다. 요청할 때는 부드럽게, 구체적으로 하고 배우자가 요청을 들어줬을 때는 고맙다는 표현을 한다. 부부 서로의 방어의 해독제는 인정하는 것이다. 하지만 '그래, 다 내 잘못이다!' 이렇게 말하는 것은 진정으로 인정하는 것이 아니다. '더 이상 말하지 않겠으니 네 마음대로 해라.' 하고 말하는 것은 담 쌓기이다. 여기서 중요한 것은 '부분적으로 약간만' 인정하는 것이다. '요즘' '좀' '이번에는' '그 일에 대해서는' 정도만 하면 된다.

206. 행복한 가정

미국의 네브래스카(Nebraska) 대학에서는 민족과 문화가 다른 세계 각국의 행복한 가정 3000가구를 선정하여 이들이 가지고 있는 공통적인 특징을 밝혀냈다.

① 가족들이 가정에 대하여 헌신적이다.

② 가족들이 함께 보내는 시간이 많다.

③ 가족 사이에 의사소통이 잘된다.

④ 서로 감사의 표시를 잘한다.

⑤ 위기에 처해서 문제를 잘 해결할 수 있다.

⑥ 신앙심이 두텁다.

207. 자존심

부부가 서로가 나이 들면 모든 것을 초월한 것 같지만 가슴속 한 가운데 외로움이 커지게 마련이다.

단명한 사람과 장수한 사람의 차이는 '친구의 수'라고 한다. 친구가 적을수록 쉽게 병에 걸리고 일찍 죽는 경향이 있다.

반면 인생의 희로애락을 함께 나눌 수 있는 친구가 많고, 그들과 함께하는 시간이 많을수록 건강한 삶을 살 수 있다.

가족, 이웃, 친구들과 늘 대화하고, 긍정적인 사고방식과 범사에 감사하는 자세를 갖는 것이 해법이다. 특히 부부는 서로 먼저 인사하고, 따뜻한 말 한마디라도 자주 건네야 한다.

자존심 내세우지 말고 져 주면서 사는 것도 좋은 방법이다.

208. 단어

부부 서로는 대화할 때는 귀 기울여 들어라.

남편과 아내 사이에는 항상 의사소통의 난관이 존재한다. 남편들은 논리적이고 직선적이고 수학적인 좌뇌와 전체적이고 창조적이고 감정적인 우뇌가 구분되어 있어 논리적 사고와 정서적 느낌이 겹치는 경우가 많지 않다. 그러나 아내들은 발달된 뇌량으로 인해 사고와 감정이 쉽게 섞인다. 아내들은 보통 하루에 7000단어를 사용하는데, 많은 제스처와 다섯 가지 어투까지 사용한다. 하루에 겨우 2000단어와 세 가지 어투밖에 사용하지 않는 남편과 비교하면 아내들이 말에 지닌 애착을 짐작할 수 있다.

209. 우애적 분담형

부부 관계의 유형 중 우애적 분담형이 있다.

부부가 주로 공동으로 결정하고 민주적이고 우호적으로 의사소통하며 가사노동도 적절히 분담하는 형태며, 부부가 대등한 인간관계를 가지고 협조적으로 분업을 하는 형태이다. 이 유형에서의 공통된 특징은 권리, 책임, 의무가 분담되고 개방적인 대화, 상호

존중, 우애 등으로 부부 관계가 밀착되어 있으며, 집안일, 육아, 의사결정을 상호 분담한다. 여성 취업과 관련해서는 홑벌이 가정보다는 맞벌이 가정에서 이 유형에 속하는 부부가 많고, 계층별로는 저소득이라도 학력이 높은 부부가 이 유형에 많이 속한다.

210. 남편 우위형

부부 관계의 유형에는 남편 우위형이 있다.

우리 주변의 나이 든 층에서 많이 볼 수 있는 유형으로 남편의 성격과 생활 태도가 가부장적이며 권위적인 아내 지배형의 부부 관계이다. 이 유형은 원칙적으로 부부간의 문제 결정이 남편에 의하여 주로 좌우되며 또한 남편의 아내에 대한 태도가 명령적이고 지배적인 것을 의미한다. 봉건사회의 가족이, 이의 대표적인 형태인데, 가족은 가장에게 모든 권위가 집중되었고 아내와 자녀들은 그에 대한 종속적 위치에 있다. 집안일에 대한 대부분의 의사결정은 남편이 하고 부부간의 대화도 많지 않으며 남편은 대화 시 아내의 감정이나 심리상태를 고려하지 않는다. 성관계에 있어서도 일방적이다. 아내의 욕구는 고려 대상이 아니고 아내의 만족 여부에도 별관심이 없다.

211. 기본자세

부부의 바람직한 의사소통의 기본자세를 유지하자.

아내가 말할 때는 집중하라. TV를 꺼라.

아내를 똑바로 바라보라. 동의하기 위해 노력하라.

감정을 인정하라. 말로 애정표현을 하라

당신의 실패를 인정하라. 아내에게 말할 시간을 주라.

212. 놀이

아내가 행복하지 않으면 아무도 행복하지 않다. 아내가 집안 분위기의 중심이고 매일 모든 것을 통합하는 힘이고 순간순간의 따뜻함과 보살핌, 가족 모두의 긍정적인 기분을 만들어 내고 바꾸고 유지하고 지원하는 관리자이다. 아내의 노고를 당신이 인정하고 그에 대한 보상을 해 주려 노력하고 있음을 아내가 깨달아야 한다. 행복하게 사는 부부들은 두 사람 관계에서 놀이와 유머가 중요한 역할을 한다. 그리고 섹스보다는 놀이가 행복한 결혼 생활에 필수적이다.

213. 아내 중심형

부부 유형 중 아내 중심형이 있다.

대화에서도 아내가 주도권을 갖고 있으며 가정 일을 결정할 때도 아내의 발언권이 더 세다. 아내의 생각에 따라서 남편이 행동하거나 함께 행동하는 단계이다. 아내를 배려하고 모든 면에서 아내를 존중하는 차원에서 아내의 의견이 압도적으로 반영되고 가사노동도 아내를 도와주는 차원에서 남편이 수행한다. 아내는 남편에 대해 권위적이지 않다. 아내가 주도권의 많은 부분을 갖고 있을 뿐이다. 그렇다고 아내가 경제권을 가지고 있는 것도 아니다. 나이 든 사람들 사이에서 흔히 얘기되는 '내 주장하는 마누라'가 이에 속한다.

214. 상호방임형

부부 유형 중에 상호방임형이 있다.

이 유형은 남편과 아내의 책임 분야를 정해 놓고 그 안에서 각자가 자율적으로 판단하고 행동하며 배우자가 간섭하지 않는 형이다. 즉 남편 혼자 결정하고 행동하는 것과 아내 혼자 결정하고 행동하는 역할 분야가 있으며 제각기 자율적으로 행동한다. 부부가 의사소통이 있어 상호간의 문제에도 큰 관심이 없으며 상대방에 대한 우애성과 상호배려 및 사랑이 결여되어 있음을 알게 된다. 부부 관계는 유지해 나가되 애정과 사랑이 바탕이 되지 못하고 있으며, 부부간에 권위관계도 성립되지 않는다.

215. 불행의 요인

결혼 생활이 원만할 때 섹스가 그 만족스러운 관계에 기여하는 정도는 15~20%이다. 하지만 불행한 결혼 생활을 하고 있는 사람들에게 물어보면 그 불행의 요인으로 섹스 문제가 50~75%를 차지한다. 성은 부부 관계에서 한 요소일 뿐이지만 결혼 생활이 원만하지 않는 부부에게는 성문제가 더 큰 문제가 될 수 있다는 것을 보여 준다. 여자와 남자는 섹스에 대한 태도가 다르다. 남자들이 '섹스'에 대해 생각할 때 그들은 '성적으로 결합하는 것'을 말하지만 여자들이 '섹스'에 대해 생각할 때 그것은 친근함, 가까움, 로맨스, 부부관계를 뜻한다. 남자는 섹스를 원하고 여자는 로맨틱한 분위기를 원한다.

216. 욕구

아내의 마음에 평화를 가져올 만한 일을 뭐든지 하라.

그러면 아내가 당신의 욕구에 눈을 돌릴 가능성이 커질 것이다. 불을 켜 놓고 성관계를 갖기를 좋아하는 비율은 남성이 76%이지만 여성들은 36%에 불과하다.

섹스는 좀 더 넓게 보는 이런 시각에서 각 기어는 자동차의 수동 기어처럼 다음 단계로 이어질 수도 있고 거기에서 자연스럽게 끝날 수도 있다. 다섯 단계의 계획은 1단 기어는 미성년자 관람가, 2단 기어는 감각적 단계, 3단 기어는 즐기는 단계, 4단 기어는 에로틱, 5단 기어는 클라이맥스이다.

만일 당신이 혼인 서약을 할 때의 마음으로 아내의 마음을 얻기 위해 노력한다면 아내는 반드시 당신의 품 안으로 돌아올 거라는 것이다. 아내에게는 친밀해지려는 욕구, 유대감을 느끼려는 욕구, 그리고 사랑하려는 욕구가 있기 때문이다.

217. 축하

부부 서로의 사랑을 축하하라. 부부 생활도 스포츠와 비슷하다.

일이 잘 풀리면, 그 성공은 충분히 기뻐할 만한 시간이고 그 주인공은 남편과 아내이다. 남편다운 이유로 아내를 축하하라. 결혼 생활에서 부부 서로가 얻은 것을 축하하라. 두 사람의 사적인 시간을 축하하라. 원하는 것은 무엇이든 축하하라. 아내의 위상을 높이고 제 인생에서도 더 깊은 의미를 발견한다. 그것이 행복한 결혼 생활을 하는 남편들의 비결이다.

218. 긍정적 생각

성공한 부부들의 95% 이상은 긍정적인 생각과 낙관적인 사고를 가지고 있다. 부부 서로 꿈을 갖도록 노력하자. 평범한 꿈은 꿈이 아니다. 이상적인 생각이 진정한 꿈이 될 수 있다. 꿈이 없는 사람은 자신의 철학도 인생의 삶의 의미를 모른다. 그리고 생각 자체가 부정적으로 된다. 부부 서로 얼굴 관리에 신경을 써라. 화장에 신경을 쓰라는 뜻이 아니다. 좋은 생각, 긍정적인 생각, 밝은 생각을 한 부부이라면 부부 서로 볼 때 부러움을 살 것이며, 반대의 생각을 하면 걱정을 할 것이다.

219. 용서

부부 사랑은 필연적으로 용서를 필요로 한다. 사랑하는 남편(아내)과 사랑받는 아내(남편) 모두가 불완전하기 때문이다.

부부 사랑은 머물러 있지 않고 끊임없이 변화하고 성장하는 유기체와 같은 속성을 지녔다. 부부 사랑의 성장을 위해서는 최우선적으로 평등한 상호작용이 필요하다.

220. 자기소개

부부 서로가 자신을 배우자에게 소개할 차례이다. '여보, 난 이런 사람이야. 그리고 내가 원하는 건 이런 거야.' 하고 말한다. 꾸준한 운동과 식이요법으로 몸매관리에 성공하면, 건강이 좋아지고 자긍심도 높아질 뿐만 아니라 아내에게 당신이 어떤 사람이고 무엇을 원하는지를 말할 때 좀 더 우월한 위치에 설 수 있다. 아내를 더 가까이하고 싶으면 데이트할 때처럼 몸을 깨끗이 유지하고 좋은 냄새가 나도록 신경 써야 한다. 남편의 맹목적인 애정행동에서 만족스러운 섹스가 생겨나는 것은 아니지만 로맨틱하게 행동하는 것을 멈춰서는 절대 안 된다. 당신 아내가 자신이 사랑받고 있고, 강하

고, 영리하고, 섹시하다고 느끼게 만드는 데 중점을 두라. 그것이
만족스러운 성관계에 이르는 중요한 요소이다.

221. 인생

인생은 실패할 때 끝나는 것이 아니라 포기할 때 끝난다. 그 고
통을 인정하고 고난을 통한 그 뜻을 알고 새 힘을 얻어 아자를 외
치며 성실하게 땀 흘리는 부부들은 박수를 받아야 마땅하다. 존재
를 잃어버리면 가슴을 잃고 가슴을 잃어버리면 자신을 잃고 자신
을 잃어버리면 세상을 잃고 세상을 잃어버리면 인생을 잃는다.

222. 우아

먼저 건강한 생활습관을 가져야 한다.
금연과 절주 그리고 식이요법으로 생활습관을 바꾸어야 하는데
올바른 생활습관은 아름답게 늙어 갈수 있는 척도다. 그리고 적당
한 운동은 필수다. 꼭 시간을 내어 운동을 하기보다는 생활 습관
속에서 찾는 것이 좋으며 집으로 갈 때와 나올 때 30분 정도 걷기

운동을 하면 매우 효과적이다. 충분한 휴식과 수면이 좋다. 너무 적게 자거나 너무 많이 자는 것도 좋지 않다.

잦은 스킨십과 성생활도 좋다. 사랑을 주고 사랑을 받는 것만큼 아름다운 것은 없다. 사랑을 하면 얼굴색이 변하듯 사랑을 하면 곱게 늙어 간다. 스트레스를 줄이고 편안한 마음가짐이 필요하다. 사람이 살다 보면 별의별 일들과 부딪히게 되지만 언제나 긍정적인 마인드로 마음을 편하게 가지면 곱게 늙어 갈 수 있다.

223. 빛과 그림자

사랑하는 일에는 빛과 그림자가 있다. 미움과 실망, 배반감, 실망은 사랑이라는 동전의 뒷면이다. 사랑이 빛이라면 미움과 실망, 배반감, 실망은 그림자이다. 배우자에 대해 미움이 생길 때 미움-벌주기-무관심-사랑의 철회로 이어지는 악순환의 고리를 끊고, 대신 미움-솔직한 나 전달-상호이해-사랑의 회복으로 이어지는 선순환의 궤도를 달릴 수 있도록 부부간 대화의 통로를 활짝 열어야 한다. 사랑의 악순환 고리의 주재료는 비난이다.

224. 능동적 성격

부부간의 신뢰가 형성되면 점차 자신의 속성을 드러내고 배우자의 자아를 알게 되면서 서로 의존하게 되고, 그들의 성격 및 욕구 충족을 통하여 원하는 사랑을 성취하게 된다.

에리히 프롬은 "사랑이란 우리가 사랑하는 대상의 생명과 성장에 대한 적극적인 관심."이라고 말했다.

또한 그는 "사랑은 수동적 감정이 아니라 활동이며 참여하는 것이지 빠지는 것이 아니며, 사랑은 원래 주는 것이지 받는 것은 아니다."라 말함으로써 사랑의 능동적 성격을 강조하였다.

225. 공감

부부는 서로 남자와 여자의 근원적인 차이가 있다는 것을 인지하고, 인정하고, 이해해야 한다. 서로 배려해 주고 공감해 주는 훈련이 필요하다. 사랑은 죽을 때까지 노력하는 것이지, 결코 완성되는 것이 아니다. 공감은 배우자의 영혼을 안아 주는 것이며 '당신은 나 자신보다 더 소중한 나.'라는 메시지를 전하는 것이다. 그래서 배우자를 살맛 나게 만드는 묘약이다.

226. 물레방아

주는 행위로써의 사랑의 능력은 부부의 성격 발달에 달려 있다. 특히 성격이 생산적인 방향으로 발달해야 한다. 부부 사랑의 형태에는 기본적인 요소가 내포되어 있다. 배려, 책임, 존경, 지식이 바로 그것이다. 성숙한 사랑에는 성숙한 인격이 전제되어야 하기 때문에 인격적으로 미성숙한 상태에서는 사랑 역시 미성숙한 형태인 공생적 결합이 된다. 사랑이 지속적으로 유지되려면 사랑의 수레바퀴가 지속적으로 돌아가야 한다. 친밀감, 자기노출, 상호의존, 애정욕구충족이라는 네 개의 축이 물레방아가 돌듯이 돌아가야 한다.

부부! 서로 돕는 배필

ⓒ 정홍기, 2022

초판 1쇄 발행 2022년 4월 11일

지은이   정홍기
펴낸이   이기봉
편집   좋은땅 편집팀
펴낸곳   도서출판 좋은땅
주소   서울특별시 마포구 양화로12길 26 지월드빌딩 (서교동 395-7)
전화   02)374-8616~7
팩스   02)374-8614
이메일   gworldbook@naver.com
홈페이지   www.g-world.co.kr

ISBN   979-11-388-0828-6 (03190)